Il catechismo di Heidelberg

La fede evangelica riformata classica insegnata in 52 domeniche

Edizione a cura di Paolo E. Castellina

Revisione di Giovanni Brandi

edizioni
Tempo di Riforma
2011

ISBN 978-1-4477-1730-0

Edizione a cura di Paolo E. Castellina del dicembre 2003 dal testo di diverse traduzioni italiane.

Occasionalmente sono citati versetti biblici dall'edizione CEI o dalla Versione Diodati, accessibili su Internet all'indirizzo: http://www.laparola.net/

Numerosi altri articoli e scritti sulla fede evangelica riformata sono accessibili presso il sito del past. P. E. Castellina: http://www.riforma.net - E-Mail: paolocastellina@gmail.com

Maggio 2011

Prefazione

L'urgenza di un'istruzione permanente nella comunità cristiana

Il Riformatore Martin Lutero, nel 1529, sulla situazione del cristianesimo in Germania, scriveva queste parole:

> "La lamentevole, misera situazione recentemente conosciuta compiendo il mio ufficio di visitatore, mi ha costretto a scrivere questo catechismo o dottrina cristiana in forma breve e semplice. Buon Dio, quanta miseria ho visto: l'uomo del popolo, specialmente nei villaggi, non sa nulla della dottrina cristiana, e purtroppo molti pastori sono quasi inetti e incapaci di insegnare. Eppure devono tutti chiamarsi cristiani e partecipare ai santi sacramenti, ma non sanno il Padre Nostro, né il Credo, né il Decalogo. Vivono come il buon bestiame (...). O pastori, come vorrete rendere conto di ciò a Cristo, voi che avete lasciato il popolo errare tanto vergognosamente e non avete neppure per un momento badato al vostro ufficio? Che non vi colpisca il giudizio per questo! (...) Perciò, per l'amore di Dio, io prego voi tutti (...) che siete pastori e predicatori, di curarvi seriamente del vostro ufficio e di avere compassione del vostro popolo, che vi è stato affidato, aiutandoci a diffondere il catechismo fra la gente, specialmente tra la gioventù (...)"[1].

---

[1]Enchiridion, il piccolo catechismo per pastori e predicatori indotti (1529), in Scritti religiosi di Martin Lutero, a cura di Valdo Vinay, Torino: UTET, 1967, p. 676

E' questa la situazione anche da noi? Senza dubbio la maggior parte della gente non saprebbe spiegare in modo adeguato il contenuto della fede evangelica, né saprebbe rispondere e contraddire, Bibbia alla mano, coloro che spesso bussano alla nostra porta ritenendosi i migliori fra i cristiani, criticando le nostre chiese e proponendoci di organizzare uno studio biblico nelle nostre case. In realtà, sotto l'apparenza di pietà, questa gente non si propone altro che introdurre nel nostro mezzo "eresie di perdizione". Ciò che essi propongono, in realtà lo dovremmo fare noi, nel senso che, per sovvenire alla sempre più grande mancanza di istruzione biblica della nostra gente, dovremmo noi organizzare piccole cellule domestiche dove si studi la base della dottrina cristiana.

Fin dall'inizio del mio ministero cristiano, infatti, avevo un sogno: organizzare in ogni villaggio e quartiere un gruppo di persone che si riunisca regolarmente nelle case per studiare la Parola di Dio, pregare e cantare Salmi al Signore. La cosa sembra strana per molti che a questi incontri, per altro comuni altrove, non sono abituati: una cellula di persone che prende sul serio come dovrebbe, il compito di confrontarsi seriamente con la Parola di Dio e di crescere nella conoscenza, nella fede e nella qualità della propria ubbidienza al Signore. Che cosa l'ha impedito? Infondate paure e pregiudizi, pigrizia, negligenza, apparente mancanza di tempo. Il confronto di gruppo con la Parola di Dio, rimane, però, essenziale alla fede cristiana, e questo non lo può sostituire il culto domenicale, per altro non abbastanza frequentato.

La cellula cristiana domestica, era da sempre stata nelle intenzioni della Riforma protestante. Così scrive Martin Lutero in un suo scritto a proposito del culto:

"...La terza forma, che dovrebbe essere la vera maniera dell'ordine liturgico evangelico, non si dovrebbe praticare così, sulla pubblica piazza in mezzo a tutto il popolo. Coloro che desiderano essere seriamente cristiani e confessare l'Evangelo con atti e con parole, dovrebbero iscriversi nominalmente e radunarsi a parte, in qualche casa, per la preghiera, per la lettura, il battesimo, la celebrazione del sacramento, e la pratica di altre opere cristiane (...). Ma non posso né voglio ancora organizzare e preparare una tale comunità ed assemblea, perché non ho ancora la gente e le persone per un tale compito, e non vedo molto chi ne senta l'urgenza. Se però lo dovessi fare e vi fossi costretto al punto da non potere, in buona coscienza, tralasciarlo, allora farei volentieri ciò che dipende da me e aiuterei il più possibile (...) [M. Lutero, *Messa in volgare e ordine del servizio divino*, Prefazione (1526)[2].

Quello che Lutero riteneva di non poter ancora fare nel suo tempo, è nostra possibilità e preciso dovere fare noi. Dobbiamo conoscere, attraverso quello che tradizionalmente si chiama *Catechismo*, la base della fede cristiana, imparare a pregare ed approfondire la nostra vita di fede. Guai a ritenere che tutto questo riguardi solo gli adolescenti che si preparano al battesimo o alla confermazione. Anche se lo si facesse con loro nel migliore dei modi, avremmo pur sempre bisogno di "corsi di ripetizione". Li ritengono necessari per il pronto soccorso: non dovremmo ancora di più ritenerlo indispensabile per il pronto soccorso spirituale?

Abbiamo dunque la necessità urgente e improrogabile di una vera e propria "educazione permanente" in campo spirituale. Troverò la necessaria collaborazione? La Parola di Dio esorta i

---

[2]in: Scritti religiosi di Martin Lutero, a cura di Valdo Vinay, Torino: UTET, 1967, p. 658].

pastori, infatti, *"Sii vigilante e rafforza il resto che sta per morire; poiché non ho trovato le tue opere perfette davanti al mio Dio"* (Ap. 3:2).

Past. Paolo Castellina, dicembre 2003

Origine del catechismo di Heidelberg

I catechismi di solito adempiono a tre funzioni: (1) Istruire persone di ogni età nei contenuti della fede cristiana; (2) come preparazione per la personale confessione di fede pubblica; (3) Per affermare pubblicamente la fede. Il Catechismo di Heidelberg (1563) adempie a queste tre funzioni.

Il Palatinato, a sud e ad ovest di Mainz, divenne luterano nel 1546 sotto il principe elettore Federico III, ma ben presto idee calviniste si diffusero nell'area e sorse un acceso dibattito sulla questione della "presenza reale" di Cristo nel pane e nel vino della Cena del Signore. Quando Federico III il Pio (1515 - 76) ereditò la zona, si interessò a queste dispute e volle approfondire egli stesso la tematica. Si convinse cosi che l'articolo XI della Confessione di Augusta era papista, ed optò per una posizione calvinista. Per promuovere la sua posizione, anche se i principi luterani gli erano avversi, Federico mise come professori alla facoltà teologica di Heidelberg, la sua capitale, persone di persuasione riformata, e cominciò a riformare il culto nel Palatinato. Al fine di riconciliare le fazioni teologiche, introdurre la riforma e difendersi contro i principi luterani, Federico chiese alla facoltà di teologia di redigere un nuovo catechismo che potesse essere usato nelle scuole come manuale di istruzione, guida per la predicazione e confessione di fede. Sebbene fossero molti ad essere coinvolti nel progetto (incluso lo stesso Federico), i due "architetti" più noti del Catechismo furono Gaspare Olivetano e Zaccaria Ursino. Il testo tedesco, con prefazione di Federico III, venne adottato da un sinodo ad Heidelberg il 19 gennaio 1653. Fu tradotto in latino al tempo della sua pubblicazione.

Il Catechismo di Heidelberg è importante per almeno tre ragioni: (1) Fu tradotto in numerose lingue ed adottato da molti gruppi, rendendolo l'affermazione di fede riformata più popolare; (2) sebbene fosse nato nel più bel mezzo di una disputa teologica, esso è irenico nello spirito, moderato nel tono, devozionale e pratico nel suo atteggiamento; espone la teologia riformata come dettata da Federico III, ma le idee luterane non furono in esso ignorate. L'assenza della polemica (ad eccezione delta D&R 80, l'uso di un linguaggio chiaro, come pure il suo fervore, riuscirono a farlo adottare anche fuori dal Palatinato; (3) L'organizzazione strutturale del catechismo è insolita. Le 129 domande e risposte sono divise nelle tre parti in cui può essere suddivisa la lettera ai Romani. Le domande 1-11 trattano del peccato e della miseria umana; le domande 12-85 si interessano della redenzione in Cristo e della fede; le ultime domande sottolineano la gratitudine umana per l'amore di Dio espressa in azione ed ubbidienza. Le domande sono ulteriormente strutturate cosicché l'intero catechismo si possa coprire in 52 domeniche. Inoltre, il Catechismo presenta la concezione riforma del Credo Apostolico e dei Dieci Comandamenti. L'uso della prima persona singolare incoraggia l'uso del catechismo come personale confessione di fede.

Nota sulla disposizione grafica del Catechismo

Benché non sia "obbligatorio" anche il singolo potrebbe studiarsi il contenuto del Catechismo di Heidelberg ogni domenica secondo le sue suddivisioni (vale a dire una alla settimana). Si raccomanda la consultazione diligente dei testi biblici di sostegno che compaiono per intero nelle note. Idealmente il testo **in neretto** dovrebbe essere appreso a memoria. Il testo in neretto sottolinea l'essenziale di ogni risposta e il resto il non essenziale. Ovviamente, però, tutto è importante!

Introduzione originale del 1563[3]

Si chiama Catechismo, nella nostra religione cristiana, una breve e semplice esposizione orale degli elementi principali delta dottrina cristiana, in base alla quale si richiede e si riascolta, dai giovani e da coloro che hanno bisogno d'istruzione, ciò ch'essi hanno imparato.

Poiché, fin dalle origini della Chiesa cristiana, tutti i santi si sono dati cura di educare i loro figlioli nel timore del Signore, a casa, a scuola ed in chiesa; e lo hanno fatto senza dubbio per i seguenti motivi, che giustamente debbono indurre noi pure a farlo.

In primo luogo essi hanno ben considerato che l'innata malvagità prenderebbe sviluppo e corromperebbe quindi la Chiesa e lo Stato, se non le si ovviasse in tempo con la sana dottrina. Inoltre li ha indotti a ciò l'ordine esplicito di Dio (Isaia capp. 12 - 13; De. capp. 4, 6, 11) la dove il Signore dice così: "E questi comandamenti (cioè I Dieci Comandamenti) che oggi ti do ti staranno nel cuore; li inculcherai ai tuoi figlioli ne parlerai quando te ne starai seduto in casa tua, quando sarai per via, quando ti coricherai e quando ti alzerai (De. 6, 6-7).

Ed infine, proprio come i figlioli d'Israele, dopo la circoncisione, quando giungevano all'età dell'intelligenza venivano istruiti nel mistero di quel segno del patto come pure nel patto di Dio, cosi anche i nostri figlioli, dopo aver ricevuto il Battesimo, debbono essere educati alla vera fede e disciplina cristiana, affinché, prima di venire ammessi alla Mensa del Signore, confessino la propria fede dinanzi a tutta la Comunità cristiana.

---

[3]Questo testo riproduce una versione italiana antica e quindi il linguaggio è sicuramente antiquato, ma l'abbiamo lasciato tale e quale perché non privo del suo fascino.

Quest'uso di studiare il Catechismo, che ha origine nel comandamento di Dio, è durato nella Chiesa cristiana fino a che il funesto Satana, per mezzo dell'Anticristo che è il Papa, ha infranto anche questo come ogni altro buon ordinamento, ed in luogo di esso ha stabilito le sue unture e i suoi schiaffetti ed altri obbrobri, che chiama Cresima.

Perché il Catechismo dev'essere tenuto nella maniera seguente.

Anzitutto, poiché la gente d'un tempo è cresciuta nel papismo senza aver Catechismo, e si dimentica facilmente degli elementi della religione cristiana. Si ritiene necessario che ogni Domenica e giorno di festa nei villaggi e nei borghi e parimenti anche nelle città prima che ci si levi a predicare, il Ministro legga al popolo chiaramente ed intelligibilmente una porzione del Catechismo, in modo ch'esso vanga letto interamente in nove Domeniche.

La prima Domenica si leggerà fino alla Parte 2^;

la seconda fino all'articolo su Dio Figlio; la terza fino alla D. relativa all'ascensione di Cristo;

la quarta fino alla D. : In che ti aiuta il credere in tutto ciò;

la quinta fino alla Santa Cena;

la sesta fino alla parte 3^ del Catechismo; la settima fino alla D. : Che cosa esige Dio col quinto comandamento

l'ottava fino a La Preghiera;

la nona fino alla fine della preghiera.

Ogni decima Domenica il Pastore deve leggere. prima della Predica, le Parole con cui ad ognuno viene ricordata la sua vocazione, come sono indicate alla fine del Catechismo.

Inoltre, nel pomeriggio di ogni Domenica, nell'ora conveniente per ciascuna località, si deve tenere una predica Catechistica nel modo seguente. Il Ministro anzitutto, dopo il canto dell'Inno, dirà il Padre nostro ed invocherà da Dio che la sua Parola venga rettamente intesa e quindi leggere intelligibilmente al popolo i Dieci Comandamenti. Poi deve interrogare i catecumeni che non possono ancora imparare le Domande su cui si predica e deve ordinatamente introdurli, anzitutto e per qualche tempo al testo, e poi anche gradatamente alle Domande.

Dopo di ciò faccia egli ripetere ad alcuni dei giovani un certo numero di Domande del Catechismo (che noi, a questo scopo, abbiamo diviso per Domeniche), che saranno spiegate nelle Prediche successive e particolarmente nella seguente, e che essi abbiano precedentemente imparate a scuola o a casa. Dopo che queste saranno state cosi recitate da alcuni in presenza della Comunità. il Ministro spiegherà ed esporrà semplicemente e brevemente alcune Domande seguenti, in modo che almeno una volta all'anno si predichi su tutto il Catechismo.

Il Catechismo di Heidelberg

Prima parte: La miseria dell'uomo

Prima domenica

D. 1 **In che consiste la tua unica consolazione in vita e in morte?**

R. **Nel fatto che col corpo e con l'anima, in vita e in morte[4], non sono più mio[5], ma appartengo ai mio fedele Salvatore Gesù Cristo[6], il quale col suo prezioso sangue[7] ha pienamente pagato il prezzo di tutti i miei peccati e mi ha redento da**

---

[4] *"Nessuno di noi infatti vive per sé stesso, e nessuno muore per sé stesso; perché, se viviamo, viviamo per il Signore; e se moriamo, moriamo per il Signore. Sia dunque che viviamo o che moriamo, siamo del Signore. Poiché a questo fine Cristo è morto ed è tornato in vita: per essere il Signore sia dei morti sia dei viventi"* (Ro. 14:7-9).

[5] *"Non sapete che il vostro corpo è il tempio dello Spirito Santo che è in voi e che avete ricevuto da Dio? Quindi non appartenete a voi stessi. Poiché siete stati comprati a caro prezzo. Glorificate dunque Dio nel vostro corpo"* (1 Co. 6:19,20).

[6] "*voi siete di Cristo; e Cristo è di Dio*" (1 Co. 3:23); "*Egli ha dato sé stesso per noi per riscattarci da ogni iniquità e purificarsi un popolo che gli appartenga, zelante nelle opere buone*" (Tt. 2:14).

[7] "*sapendo che non con cose corruttibili, con argento o con oro, siete stati riscattati dal vano modo di vivere tramandatovi dai vostri padri, ma con il prezioso sangue di Cristo, come quello di un agnello senza difetto né macchia*" (1 Pi. 1:18,19); "*Ma se camminiamo nella luce, com'egli è nella luce, abbiamo comunione l'uno con l'altro, e il sangue di Gesù, suo Figlio, ci purifica da ogni peccato ... Egli è il sacrificio propiziatorio per i nostri peccati, e non soltanto per i nostri, ma anche per quelli di tutto il mondo*" (1 Gv. 1:7; 2:2).

ogni potere del diavolo[8]; e mi preserva cosi[9] che neppure un capello può cadermi dal capo[10] senza la volontà del Padre mio che è nel cielo; ed anzi ogni cosa deve cooperare alla mia salvezza[11]. Pertanto. per mezzo del suo santo Spirito egli mi assicura anche la vita eterna[12] e

---

[8] "*Gesù rispose loro: «In verità, in verità vi dico che chi commette il peccato è schiavo del peccato. Or lo schiavo non dimora per sempre nella casa: il figlio vi dimora per sempre. Se dunque il Figlio vi farà liberi, sarete veramente liberi*" (Gv. 8:34-36). "*Poiché dunque i figli hanno in comune sangue e carne, egli pure vi ha similmente partecipato, per distruggere, con la sua morte, colui che aveva il potere sulla morte, cioè il diavolo, e liberare tutti quelli che dal timore della morte erano tenuti schiavi per tutta la loro vita*" (Eb. 2:14,15); "*Colui che persiste nel commettere il peccato proviene dal diavolo, perché il diavolo pecca fin da principio. Per questo è stato manifestato il Figlio di Dio: per distruggere le opere del diavolo*" (1 Gv. 3:8).

[9] "*Questa è la volontà di colui che mi ha mandato: che io non perda nessuno di quelli che egli mi ha dati, ma che li risusciti nell'ultimo giorno. Poiché questa è la volontà del Padre mio: che chiunque contempla il Figlio e crede in lui, abbia vita eterna; e io lo risusciterò nell'ultimo giorno» ... Le mie pecore ascoltano la mia voce e io le conosco ed esse mi seguono; e io do loro la vita eterna e non periranno mai e nessuno le rapirà dalla mia mano. Il Padre mio che me le ha date è più grande di tutti; e nessuno può rapirle dalla mano del Padre. Io e il Padre siamo uno»*" (Gv. 6:39,40; 10:27-30*); "Ma il Signore è fedele ed egli vi renderà saldi e vi guarderà dal maligno*" (2 Ts. 3:3); "*che dalla potenza di Dio siete custoditi mediante la fede, per la salvezza che sta per essere rivelata negli ultimi tempi*" (1 Pi. 1:5).

[10] "*Due passeri non si vendono per un soldo? Eppure non ne cade uno solo in terra senza il volere del Padre vostro. Quanto a voi, perfino i capelli del vostro capo sono tutti contati. Non temete dunque; voi valete più di molti passeri*" (Mt. 10:29); "*Voi sarete traditi perfino da genitori, fratelli, parenti e amici; faranno morire parecchi di voi; e sarete odiati da tutti a causa del mio nome; ma neppure un capello del vostro capo perirà*" (Lu. 21:16-18).

[11] *"Or sappiamo che tutte le cose cooperano al bene di quelli che amano Dio, i quali sono chiamati secondo il suo disegno"* (Ro. 8:28).

mi rende di tutto cuore volenteroso e pronto a vivere d'ora innanzi per lui[13]**.**

D. 2 **Quante cose ti è necessario conoscere per poter vivere e morire nella beatitudine di questa consolazione?**

R. **Tre cose: in primo luogo, la grandezza del mio peccato e della mia miseria**[14]**; in secondo luogo, come sono redento da tutti i miei peccati e dalla mia miseria**[15]**; ed infine, come debbo essere grato a Dio di questa redenzione**[16]**.**

---

[12] "*E voi non avete ricevuto uno spirito di servitù per ricadere nella paura, ma avete ricevuto lo Spirito di adozione, mediante il quale gridiamo: «Abbà! Padre!». Lo Spirito stesso attesta insieme con il nostro spirito che siamo figli di Dio*" (Ro. 8:15,16); "*Or colui che con voi ci fortifica in Cristo e che ci ha unti, è Dio; egli ci ha pure segnati con il proprio sigillo e ha messo la caparra dello Spirito nei nostri cuori*" (2 Co. 1:21,22); "*Or colui che ci ha formati per questo è Dio, il quale ci ha dato la caparra dello Spirito*" (2 Co. 5:5); "*In lui voi pure, dopo aver ascoltato la parola della verità, il vangelo della vostra salvezza, e avendo creduto in lui, avete ricevuto il sigillo dello Spirito Santo che era stato promesso, il quale è pegno della nostra eredità fino alla piena redenzione di quelli che Dio si è acquistati a lode della sua gloria*" (Ef. 1:13,14).

[13] "*infatti tutti quelli che sono guidati dallo Spirito di Dio, sono figli di Dio*" (Ro. 8:14).

[14] "*Che dire dunque? Noi siamo forse superiori? No affatto! Perché abbiamo già dimostrato che tutti, Giudei e Greci, sono sottomessi al peccato, com'è scritto: Non c'è nessun giusto,neppure uno*" (Ro. 3:9,10); "*Se diciamo di non aver peccato, lo facciamo bugiardo, e la sua parola non è in noi*" (1 Gv. 1:10).

[15] "*Questa è la vita eterna: che conoscano te, il solo vero Dio, e colui che tu hai mandato, Gesù Cristo*" (Gv. 17:3); "*In nessun altro è la salvezza; perché non vi è sotto il cielo nessun altro nome che sia stato dato agli uomini, per mezzo del quale noi dobbiamo essere salvati». ... Di lui attestano tutti i profeti che chiunque crede in lui riceve il perdono dei peccati mediante il suo nome»*" (At. 4:12; 10:43).

[16] "*Così risplenda la vostra luce davanti agli uomini, affinché vedano le vostre buone opere e glorifichino il Padre vostro che è nei cieli*" (Mt. 5:16*). "e non prestate le vostre membra al peccato, come strumenti d'iniquità; ma presentate voi stessi a Dio, come di morti fatti viventi, e le vostre membra come strumenti di giustizia*

Seconda domenica

D. 3. **Che cos'è che ti fa prendere coscienza della tua miseria?**

R. **La Legge di Dio**[17], espressa in modo chiaro ed autorevole dalla Bibbia.

D. 4 ***...e che cosa esige da noi la legge divina?***

R. **Ce lo insegna Cristo** con un sommario: "**Ama il Signore Iddio tuo** con tutto il tuo cuore e con tutta l'anima tua e con tutta la forza tua[18]. Questo è il grande e il primo comandamento. Il secondo, simile ad esso, è: **Ama il tuo prossimo come te stesso**. Da questi due comandamenti dipendono tutta la legge ed i profeti[19]" (Mt. 22:34-40; Mr. 12:28-34).

---

a Dio" (Ro. 6:13); "*perché in passato eravate tenebre, ma ora siete luce nel Signore. Comportatevi come figli di luce - poiché il frutto della luce consiste in tutto ciò che è bontà, giustizia e verità - esaminando che cosa sia gradito al Signore*" (Ef. 5:8-10); "*Ma voi siete una stirpe eletta, un sacerdozio regale, una gente santa, un popolo che Dio si è acquistato, perché proclamiate le virtù di colui che vi ha chiamati dalle tenebre alla sua luce meravigliosa; voi, che prima non eravate un popolo, ma ora siete il popolo di Dio; voi, che non avevate ottenuto misericordia, ma ora avete ottenuto misericordia*" (1 Pi. 2:9,10).

[17] "perché mediante le opere della legge nessuno sarà giustificato davanti a lui; infatti la legge dà soltanto la conoscenza del peccato" (Ro. 3:20); leggere Romani 7:7-25

[18] *"Tu amerai dunque il SIGNORE, il tuo Dio, con tutto il cuore, con tutta l'anima tua e con tutte le tue forze"* (De. 6:5).

[19] *"Non ti vendicherai e non serberai rancore contro i figli del tuo popolo, ma amerai il prossimo tuo come te stesso. Io sono il SIGNORE"* (Le. 19:18).

D. 5 **Potresti tu adempiere, se volessi, alla Legge divina?**

R. **No**[20], perché sono per natura incline ad odiare Dio ed il prossimo[21].

Terza domenica

6. D. **Ha dunque Iddio creato l'uomo così empio e perverso?**

R. **No. Iddio ha creato l'uomo buono**[22] **e ad immagine propria**[23], cioè veramente giusto e

---

[20] "*com'è scritto: «Non c'è nessun giusto, neppure uno" (Ro, 3:10); "tutti hanno peccato e sono privi della gloria di Dio*" (Ro. 3:23); "*Se diciamo di essere senza peccato, inganniamo noi stessi, e la verità non è in noi.... Se diciamo di non aver peccato, lo facciamo bugiardo, e la sua parola non è in noi*" (Ro. 1:8,10).

[21] "*Il SIGNORE vide che la malvagità degli uomini era grande sulla terra e che il loro cuore concepiva soltanto disegni malvagi in ogni tempo. Poi mandò fuori la colomba per vedere se le acque fossero diminuite sulla superficie della terra*" (Ge. 6:5; 8:8*)."Il cuore è ingannevole più di ogni altra cosa, e insanabilmente maligno; chi potrà conoscerlo?*" (Gr. 17:9*); "ma vedo un'altra legge nelle mie membra, che combatte contro la legge della mia mente e mi rende prigioniero della legge del peccato che è nelle mie membra ... infatti ciò che brama la carne è inimicizia contro Dio, perché non è sottomesso alla legge di Dio e neppure può esserlo*" (Ro. 7:23:8:7). "*Nel numero dei quali anche noi tutti vivevamo un tempo, secondo i desideri della nostra carne, ubbidendo alle voglie della carne e dei nostri pensieri; ed eravamo per natura figli d'ira, come gli altri*" (Ef. 2:3); "*Perché anche noi un tempo eravamo insensati, ribelli, traviati, schiavi di ogni sorta di passioni e di piaceri, vivendo nella cattiveria e nell'invidia, odiosi e odiandoci a vicenda*" (Tt. 3:3).

[22] *"Dio vide tutto quello che aveva fatto, ed ecco, era molto buono. Fu sera, poi fu mattina: sesto giorno"* (Ge. 1:31).

[23] *"Poi Dio disse: «Facciamo l'uomo a nostra immagine, conforme alla nostra somiglianza, e abbia dominio sui pesci del mare, sugli uccelli del cielo, sul bestiame, su tutta la terra e su tutti i rettili che strisciano sulla terra». Dio creò l'uomo a sua immagine; lo creò a immagine di Dio; li creò maschio e femmina"* (Ge. 1:26,27).

santo[24], perché conosca debitamente Lui, Suo Creatore[25], e Lo ami di cuore e viva con Lui in eterna beatitudine, per lodarlo e glorificarlo[26].

7. D. **E da dove proviene questo stato corrotto dell'uomo?**

R. **Dalla caduta e disubbidienza dei nostri progenitori, Adamo ed Eva[27]**, nel Paradiso; per il che la nostra natura è divenuta così viziata (corrotta)[28] che noi tutti siamo stati concepiti e siamo nati nel peccato[29].

---

[24] *"a rivestire l'uomo nuovo che è creato a immagine di Dio nella giustizia e nella santità che procedono dalla verità"* (Ef. 4:24).

[25] *"vi siete rivestiti del nuovo, che si va rinnovando in conoscenza a immagine di colui che l'ha creato"* (Cl. 3:10).

[26] Leggere il Salmo 8.

[27] Leggere Genesi 3.

[28] *"Perciò, come per mezzo di un solo uomo il peccato è entrato nel mondo, e per mezzo del peccato la morte, e così la morte è passata su tutti gli uomini, perché tutti hanno peccato... Dunque, come con una sola trasgressione la condanna si è estesa a tutti gli uomini, così pure, con un solo atto di giustizia, la giustificazione che dà la vita si è estesa a tutti gli uomini. Infatti, come per la disubbidienza di un solo uomo i molti sono stati resi peccatori, così anche per l'ubbidienza di uno solo, i molti saranno costituiti giusti"* (Ro. 5:12,18,19).

[29] *"Ecco, io sono stato generato nell'iniquità, mia madre mi ha concepito nel peccato"* (Sl. 51:5).

8. D. **Siamo talmente corrotti da essere incapaci del benché minimo bene e portati ad ogni sorta di male?**

R. **Sì[30], a meno che non nasciamo di nuovo mediante lo Spirito di Dio[31].**

Quarta domenica

9. D. **Dio non è quindi ingiusto nei riguardi dell'uomo esigendola lui nella sua legge ciò che egli non può fare?**

R. **No, perché Dio lo ha creato in modo che egli potesse farlo[32].** Ma l'uomo, per istigazione del diavolo[33], si è privato di questi doni, lui e tutti i suoi

---

[30] "*Il SIGNORE vide che la malvagità degli uomini era grande sulla terra e che il loro cuore concepiva soltanto disegni malvagi in ogni tempo*" (Ge. 6:5); "*Il SIGNORE sentì un odore soave; e il SIGNORE disse in cuor suo: «Io non maledirò più la terra a motivo dell'uomo, poiché il cuore dell'uomo concepisce disegni malvagi fin dall'adolescenza; non colpirò più ogni essere vivente come ho fatto*" (Ge. 8:21); "*Chi può trarre una cosa pura da una impura? Nessuno*" (Gb. 14:4); "*Noi tutti eravamo smarriti come pecore, ognuno di noi seguiva la propria via; ma il SIGNORE ha fatto ricadere su di lui l'iniquità di noi tutti*" (Is. 53:6).

[31] *"Gesù gli rispose: «In verità, in verità ti dico che se uno non è nato di nuovo non può vedere il regno di Dio». Nicodemo gli disse: «Come può un uomo nascere quando è già vecchio? Può egli entrare una seconda volta nel grembo di sua madre e nascere?». Gesù rispose: «In verità, in verità ti dico che se uno non è nato d'acqua e di Spirito, non può entrare nel regno di Dio"* (Gv. 3:3-5).

[32] *"Dio vide tutto quello che aveva fatto, ed ecco, era molto buono. Fu sera, poi fu mattina: sesto giorno"* (Ge. 1:31)

[33] "*Dio il SIGNORE disse alla donna: «Perché hai fatto questo?» La donna rispose: «Il serpente mi ha ingannata e io ne ho mangiato»*" (Ge. 3:13); "*Voi siete figli del diavolo, che è vostro padre, e volete fare i desideri del padre vostro. Egli è stato omicida fin dal principio e non si è attenuto alla verità, perché non c'è verità in lui. Quando dice il falso, parla di quel che è suo perché è bugiardo e padre della menzogna*" (Gv. 8:44); "*Infatti Adamo fu formato per primo, e poi Eva; e Adamo non fu sedotto; ma la donna, essendo stata sedotta, cadde in trasgressione*" (1 Ti.

discendenti[34], mediante una disubbidienza[35] proveniente dalla sua propria volontà.

10. D**. Dio vuole lasciare impunite una tale disubbidienza e una tale caduta** (apostasia)**?**

R. **Assolutamente No. Al contrario, Egli è terribilmente dispiaciuto dei peccati, sia originale, che attuali**, e vuole punirli, a causa del suo giusto giudizio, nel tempo e nell'eternità[36], come ha affermato lui stesso: "Maledetto chi non si attiene alle parole di questa legge, per metterle in pratica!" (Galati 3:10).

2:13,14).

[34] "*Perciò, come per mezzo di un solo uomo il peccato è entrato nel mondo, e per mezzo del peccato la morte, e così la morte è passata su tutti gli uomini, perché tutti hanno peccato... Dunque, come con una sola trasgressione la condanna si è estesa a tutti gli uomini, così pure, con un solo atto di giustizia, la giustificazione che dà la vita si è estesa a tutti gli uomini. Infatti, come per la disubbidienza di un solo uomo i molti sono stati resi peccatori, così anche per l'ubbidienza di uno solo, i molti saranno costituiti giusti*" (Ro. 5:12,18,19).

[35] *"La donna osservò che l'albero era buono per nutrirsi, che era bello da vedere e che l'albero era desiderabile per acquistare conoscenza; prese del frutto, ne mangiò e ne diede anche a suo marito, che era con lei, ed egli ne mangiò"* (Ge. 3:6).

[36] "*...che conserva la sua bontà fino alla millesima generazione, che perdona l'iniquità, la trasgressione e il peccato ma non terrà il colpevole per innocente; che punisce l'iniquità dei padri sopra i figli e sopra i figli dei figli, fino alla terza e alla quarta generazione!»*" (Es. 34:7); "*poiché tu non sei un Dio che prenda piacere nell'empietà; presso di te il male non trova dimora. Quelli che si vantano non resisteranno davanti agli occhi tuoi; tu detesti tutti gli operatori d'iniquità. Tu farai perire i bugiardi; il SIGNORE disprezza l'uomo sanguinario e disonesto*" (Sl. 5:4-6).

10. D. **Dio non è dunque anche misericordioso?**

R. **Dio è certamente misericordioso[37], ma è anche giusto[38]**, ragion per cui la Sua giustizia esige che il peccato commesso contro la suprema maestà di Dio sia anche punito con la massima pena, cioè la pena eterna, nel corpo e nell'anima[39].

---

[37] "*...e uso bontà, fino alla millesima generazione, verso quelli che mi amano e osservano i miei comandamenti. ... Il SIGNORE passò davanti a lui, e gridò: «Il SIGNORE! il SIGNORE! il Dio misericordioso e pietoso, lento all'ira, ricco in bontà e fedeltà, che conserva la sua bontà fino alla millesima generazione, che perdona l'iniquità, la trasgressione e il peccato ma non terrà il colpevole per innocente; che punisce l'iniquità dei padri sopra i figli e sopra i figli dei figli, fino alla terza e alla quarta generazione!»*" (Es. 20:6; 34:6,7); "*Il SIGNORE è pietoso e clemente, lento all'ira e ricco di bontà. Egli non contesta in eterno, né serba la sua ira per sempre*" (Sl. 103:8,9).

[38] "*Non ti prostrare davanti a loro e non li servire, perché io, il SIGNORE, il tuo Dio, sono un Dio geloso; punisco l'iniquità dei padri sui figli fino alla terza e alla quarta generazione di quelli che mi odiano ... che conserva la sua bontà fino alla millesima generazione, che perdona l'iniquità, la trasgressione e il peccato ma non terrà il colpevole per innocente; che punisce l'iniquità dei padri sopra i figli e sopra i figli dei figli, fino alla terza e alla quarta generazione!»*" (Es. 20:5; 34:7); "*Riconosci dunque che il SIGNORE, il tuo Dio, è Dio: il Dio fedele, che mantiene il suo patto e la sua bontà fino alla millesima generazione verso quelli che lo amano e osservano i suoi comandamenti, ma a quelli che lo odiano rende immediatamente ciò che si meritano, e li distrugge; non rinvia, ma rende immediatamente a chi lo odia ciò che si merita. Osserva dunque i comandamenti, le leggi e le prescrizioni che oggi ti do, mettendoli in pratica*" (De. 7:9-11); "*poiché tu non sei un Dio che prenda piacere nell'empietà; presso di te il male non trova dimora. Quelli che si vantano non resisteranno davanti agli occhi tuoi; tu detesti tutti gli operatori d'iniquità. Tu farai perire i bugiardi; il SIGNORE disprezza l'uomo sanguinario e disonesto*" (Sl. 5:4-6); "*Noi conosciamo, infatti, colui che ha detto: «A me appartiene la vendetta! Io darò la retribuzione!». E ancora: «Il Signore giudicherà il suo popolo». È terribile cadere nelle mani del Dio vivente*" (Eb. 10:30,31).

[39] *“Allora risponderà loro: "In verità vi dico che in quanto non l'avete fatto a uno di questi minimi, non l'avete fatto neppure a me". Questi se ne andranno a punizione eterna; ma i giusti a vita eterna»”* (Mt. 25:45,46).

Seconda parte: la liberazione dell'uomo

Quinta domenica

12. D. **Poiché abbiamo meritato, secondo il giusto giudizio di Dio, una pena temporale ed eterna, in che modo potremmo liberarcene e tornare in grazia (e tornare ad essere ricevuti nel Suo favore)?**

R. Dio vuole che la Sua giustizia sia soddisfatta[40]. **Dobbiamo quindi ripagarlo interamente o noi stessi o mediante un altro[41].**

13. D. **Ma possiamo fare questo pagamento noi stessi?**

R. **Assolutamente No**. Al contrario, noi aumentiamo ogni giorno il nostro debito[42].

---

[40] "*Non ti prostrare davanti a loro e non li servire, perché io, il SIGNORE, il tuo Dio, sono un Dio geloso; punisco l'iniquità dei padri sui figli fino alla terza e alla quarta generazione di quelli che mi odiano ... Rifuggi da ogni parola bugiarda; e non far morire l'innocente e il giusto; perché io non assolverò il malvagio*" (S. 20:5; 23:7). Leggere Romani 2:1-11.

[41] "*Egli vedrà il frutto del suo tormento interiore, e ne sarà saziato; per la sua conoscenza, il mio servo, il giusto, renderà giusti i molti, si caricherà egli stesso delle loro iniquità*" (Is. 53:11); "*Infatti, ciò che era impossibile alla legge, perché la carne la rendeva impotente, Dio lo ha fatto; mandando il proprio Figlio in carne simile a carne di peccato e, a motivo del peccato, ha condannato il peccato nella carne, affinché il comandamento della legge fosse adempiuto in noi, che camminiamo non secondo la carne, ma secondo lo Spirito*" (Ro. 8:3,4).

[42] "*Se tieni conto delle colpe, Signore, chi potrà resistere?*" (Sl. 130:3); "*rimettici i nostri debiti come anche noi li abbiamo rimessi ai nostri debitori*" (Mt. 6:12); "*Oppure disprezzi le ricchezze della sua bontà, della sua pazienza e della sua costanza, non riconoscendo che la bontà di Dio ti spinge al ravvedimento? Tu, invece, con la tua ostinazione e con l'impenitenza del tuo cuore, ti accumuli un tesoro d'ira per il giorno dell'ira e della rivelazione del giusto giudizio di Dio*" (Ro. 2:4,5).

14. D. **Ma una creatura qualsiasi può pagare per noi?**

R. **Nessuna**, poiché, in primo luogo Dio non vuole punire nessuna altra creatura per una mancanza di cui l'uomo si è reso colpevole[43]; in secondo luogo, nessuna creatura, che sia semplicemente tale, può sopportare il peso della collera eterna di Dio contro il peccato, né può liberarne altri[44].

---

[43] "*Ecco, tutte le vite sono mie; è mia tanto la vita del padre quanto quella del figlio; chi pecca morirà ... La persona che pecca è quella che morirà, il figlio non pagherà per l'iniquità del padre, e il padre non pagherà per l'iniquità del figlio; la giustizia del giusto sarà sul giusto, l'empietà dell'empio sarà sull'empio*" (Ez. 18:4,20). "*Poiché dunque i figli hanno in comune sangue e carne, egli pure vi ha similmente partecipato, per distruggere, con la sua morte, colui che aveva il potere sulla morte, cioè il diavolo, e liberare tutti quelli che dal timore della morte erano tenuti schiavi per tutta la loro vita. Infatti, egli non viene in aiuto ad angeli, ma viene in aiuto alla discendenza di Abraamo. Perciò, egli doveva diventare simile ai suoi fratelli in ogni cosa, per essere un misericordioso e fedele sommo sacerdote nelle cose che riguardano Dio, per compiere l'espiazione dei peccati del popolo. Infatti, poiché egli stesso ha sofferto la tentazione, può venire in aiuto di quelli che sono tentati*" (Eb. 2:14-18).

[44] "*Se tieni conto delle colpe, Signore, chi potrà resistere?*" (Sl. 130:3); "*Chi può resistere davanti alla sua indignazione? Chi può sopportare l'ardore della sua ira? Il suo furore si spande come fuoco e le rocce si schiantano davanti a lui*" (Na. 1:6).

15. D. **Quale mediatore e liberatore dobbiamo quindi cercare?**

R. Qualcuno che sia un vero[45] uomo e che sia giusto[46] e che sia tuttavia più forte di tutte le creature, cioè che sia al tempo stesso vero Dio[47].

Sesta domenica

16. D. **Perché deve essere un vero uomo, e che sia giusto?**

R. Egli deve essere un vero uomo, "**perché la giustizia di Dio esige che la (stessa) natura**

---

[45] "*Infatti, poiché per mezzo di un uomo è venuta la morte, così anche per mezzo di un uomo è venuta la risurrezione dei morti*" (1 Co. 15:21). "*Perciò, egli doveva diventare simile ai suoi fratelli in ogni cosa, per essere un misericordioso e fedele sommo sacerdote nelle cose che riguardano Dio, per compiere l'espiazione dei peccati del popolo*" (Eb. 2:17).

[46] "*Gli avevano assegnato la sepoltura fra gli empi, ma nella sua morte, egli è stato con il ricco, perché non aveva commesso violenze né c'era stato inganno nella sua bocca*" (Is. 53:9); "*Colui che non ha conosciuto peccato, egli lo ha fatto diventare peccato per noi, affinché noi diventassimo giustizia di Dio in lui*" (2 Co. 5:21); "*Infatti a noi era necessario un sommo sacerdote come quello, santo, innocente, immacolato, separato dai peccatori ed elevato al di sopra dei cieli*" (Eb. 7:26).

[47] "*Perciò il Signore stesso vi darà un segno: Ecco, la giovane concepirà, partorirà un figlio, e lo chiamerà Emmanuele ... per dare incremento all'impero e una pace senza fine al trono di Davide e al suo regno, per stabilirlo fermamente e sostenerlo mediante il diritto e la giustizia, da ora e per sempre: questo farà lo zelo del SIGNORE degli eserciti*" (Is. 7:14; 9:6); "Nei *suoi giorni Giuda sarà salvato e Israele starà sicuro nella sua dimora; questo sarà il nome con il quale sarà chiamato: SIGNORE nostra giustizia*" (Gr. 23:6); "*Infatti, ciò che era impossibile alla legge, perché la carne la rendeva impotente, Dio lo ha fatto; mandando il proprio Figlio in carne simile a carne di peccato e, a motivo del peccato, ha condannato il peccato nella carne, affinché il comandamento della legge fosse adempiuto in noi, che camminiamo non secondo la carne, ma secondo lo Spirito*" (Ro. 8:3,4).

umana, la quale ha peccato, paghi per il peccato[48]"; Egli deve essere un uomo giusto "perché un uomo che fosse egli stesso peccatore non potrebbe pagare per gli altri"[49].

17. D. **Perché deve essere al tempo stesso vero Dio?**

R. Egli deve essere vero Dio "**affinché con la potenza della Sua divinità**[50] **possa sopportare il**

---

[48] *"Perciò, come per mezzo di un solo uomo il peccato è entrato nel mondo, e per mezzo del peccato la morte, e così la morte è passata su tutti gli uomini, perché tutti hanno peccato... Poiché, fino alla legge, il peccato era nel mondo, ma il peccato non è imputato quando non c'è legge. Eppure, la morte regnò, da Adamo fino a Mosè, anche su quelli che non avevano peccato con una trasgressione simile a quella di Adamo, il quale è figura di colui che doveva venire. Però, la grazia non è come la trasgressione. Perché se per la trasgressione di uno solo, molti sono morti, a maggior ragione la grazia di Dio e il dono della grazia proveniente da un solo uomo, Gesù Cristo, sono stati riversati abbondantemente su molti"* (Ro. 5:12-15*); "Infatti, poiché per mezzo di un uomo è venuta la morte, così anche per mezzo di un uomo è venuta la risurrezione dei morti"* (1 Co. 15:21*); "Poiché dunque i figli hanno in comune sangue e carne, egli pure vi ha similmente partecipato, per distruggere, con la sua morte, colui che aveva il potere sulla morte, cioè il diavolo, e liberare tutti quelli che dal timore della morte erano tenuti schiavi per tutta la loro vita. Infatti, egli non viene in aiuto ad angeli, ma viene in aiuto alla discendenza di Abraamo"* (Eb. 12:14-16).

[49] *"Infatti a noi era necessario un sommo sacerdote come quello, santo, innocente, immacolato, separato dai peccatori ed elevato al di sopra dei cieli; il quale non ha ogni giorno bisogno di offrire sacrifici, come gli altri sommi sacerdoti, prima per i propri peccati e poi per quelli del popolo; poiché egli ha fatto questo una volta per sempre quando ha offerto sé stesso"* (Eb. 7:26,27); *"Anche Cristo ha sofferto una volta per i peccati, lui giusto per gli ingiusti, per condurci a Dio. Fu messo a morte quanto alla carne, ma reso vivente quanto allo spirito"* (1 Pi. 3:18).

[50] *"Poiché un bambino ci è nato, un figlio ci è stato dato, e il dominio riposerà sulle sue spalle; sarà chiamato Consigliere ammirabile, Dio potente, Padre eterno, Principe della pace,per dare incremento all'impero e una pace senza fine al trono di Davide e al suo regno, per stabilirlo fermamente e sostenerlo mediante il diritto e la giustizia, da ora e per sempre: questo farà*

peso dell'ira di Dio[51] nella Sua umanità e acquistarci e renderci la giustizia e la vita[52].

18. D. **Ma chi è questo Mediatore** che è al tempo stesso vero Dio e un vero uomo che sia giusto?

R. **Nostro Signore Gesù Cristo**[53], il quale da Dio è stato fatto per noi sapienza, giustizia, santificazione e redenzione (1 Corinzi 1:30).

19. D. **Da dove sai tu questo?**

R. **Dal santo Evangelo**, che Dio stesso ha anzitutto rivelato nel paradiso [terrestre][54], che ha poi fatto

---

lo zelo del SIGNORE degli eserciti" (Is. 9:6).

[51] "*Poiché il SIGNORE, il tuo Dio, è un fuoco che divora, un Dio geloso*" (De. 4:24); "*Chi può resistere davanti alla sua indignazione? Chi può sopportare l'ardore della sua ira? Il suo furore si spande come fuoco e le rocce si schiantano davanti a lui*" (Na. 1:6); "*Se tieni conto delle colpe, Signore, chi potrà resistere?*" (Sl. 130:3).

[52] "*Egli è stato trafitto a causa delle nostre trasgressioni, stroncato a causa delle nostre iniquità; il castigo, per cui abbiamo pace, è caduto su di lui e grazie alle sue ferite noi siamo stati guariti*" (Is. 53:5); "*Egli vedrà il frutto del suo tormento interiore, e ne sarà saziato; per la sua conoscenza, il mio servo, il giusto, renderà giusti i molti, si caricherà egli stesso delle loro iniquità*" (Is. 53:11); "*Perché Dio ha tanto amato il mondo, che ha dato il suo unigenito Figlio, affinché chiunque crede in lui non perisca, ma abbia vita eterna" (Gv. 3:16);* "*Colui che non ha conosciuto peccato, egli lo ha fatto diventare peccato per noi, affinché noi diventassimo giustizia di Dio in lui*" (2 Co. 5:21).

[53] "*Ella partorirà un figlio, e tu gli porrai nome Gesù, perché è lui che salverà il suo popolo dai loro peccati». Tutto ciò avvenne, affinché si adempisse quello che era stato detto dal Signore per mezzo del profeta: «La vergine sarà incinta e partorirà un figlio, al quale sarà posto nome Emmanuele», che tradotto vuol dire: «Dio con noi»*" (Mt. 1:21-23*).* "*Oggi, nella città di Davide, è nato per voi un Salvatore, che è il Cristo, il Signore*" (Lu. 2:11*);* "*Infatti c'è un solo Dio e anche un solo mediatore fra Dio e gli uomini, Cristo Gesù uomo ... Senza dubbio, grande è il mistero della pietà: Colui che è stato manifestato in carne, è stato giustificato nello Spirito, è apparso agli angeli, è stato predicato fra le nazioni, è stato creduto nel mondo, è stato elevato in gloria*" (2 Ti. 2:5; 3:16).

annunciare dai santi patriarchi[55] e dai profeti[56], prefigurare dai sacrifici e dalle altre cerimonie della legge[57] e che ha, infine, portato a compimento attraverso il Suo unico e diletto Figlio[58].

---

[54] *"Io porrò inimicizia fra te e la donna, e fra la tua progenie e la progenie di lei; questa progenie ti schiaccerà il capo e tu le ferirai il calcagno»"* (Ge. 3:15).

[55] "*Benedirò quelli che ti benediranno e maledirò chi ti maledirà, e in te saranno benedette tutte le famiglie della terra» ... Tutte le nazioni della terra saranno benedette nella tua discendenza, perché tu hai ubbidito alla mia voce» ... Lo scettro non sarà rimosso da Giuda, né sarà allontanato il bastone del comando dai suoi piedi, finché venga colui al quale esso appartiene e a cui ubbidiranno i popoli*"(Ge. 12:3; 22:18; 49:10).

[56] Leggere Isaia 53; "*«Ecco, i giorni vengono», dice il SIGNORE, «in cui io farò sorgere a Davide un germoglio giusto, il quale regnerà da re e prospererà; eserciterà il diritto e la giustizia nel paese. Nei suoi giorni Giuda sarà salvato e Israele starà sicuro nella sua dimora; questo sarà il nome con il quale sarà chiamato: SIGNORE nostra giustizia*" (Gr. 23:5,6*)*; "*Quale Dio è come te, che perdoni l'iniquità e passi sopra alla colpa del resto della tua eredità? Egli non serba la sua ira per sempre, perché si compiace di usare misericordia. Egli tornerà ad avere pietà di noi, metterà sotto i suoi piedi le nostre colpe e getterà in fondo al mare tutti i nostri peccati. Tu mostrerai la tua fedeltà a Giacobbe, la tua misericordia ad Abraamo, come giurasti ai nostri padri, fin dai giorni antichi*" (Mi. 7:18-20); "*Di lui attestano tutti i profeti che chiunque crede in lui riceve il perdono dei peccati mediante il suo nome»*" (At. 10:43); "*Dio, dopo aver parlato anticamente molte volte e in molte maniere ai padri per mezzo dei profeti*" (Eb. 1:1).

[57] "*I figli del sacerdote Aaronne metteranno del fuoco sull'altare e disporranno della legna sul fuoco*" *(Le. 1:7)*; "*Infatti, se credeste a Mosè, credereste anche a me; poiché egli ha scritto di me*" (Gv. 5:46*)*; "*La legge, infatti, possiede solo un'ombra dei beni futuri, non la realtà stessa delle cose. Perciò con quei sacrifici, che sono offerti continuamente, anno dopo anno, essa non può rendere perfetti coloro che si avvicinano a Dio. Altrimenti non si sarebbe forse cessato di offrirli, se coloro che rendono il culto, una volta purificati, avessero sentito la loro coscienza sgravata dai peccati?*

Settima domenica

20. D. **Tutti gli uomini sono quindi salvati in Cristo così com'erano perduti in Adamo**?

R. **No, soltanto coloro che, mediante una vera fede, sono innestati in Lui e ricevono tutti i Suoi benefici**[59].

Invece in quei sacrifici viene rinnovato ogni anno il ricordo dei peccati; perché è impossibile che il sangue di tori e di capri tolga i peccati. Ecco perché Cristo, entrando nel mondo, disse: «Tu non hai voluto né sacrificio né offerta ma mi hai preparato un corpo; non hai gradito né olocausti né sacrifici per il peccato. Allora ho detto: "Ecco, vengo" (nel rotolo del libro è scritto di me) "per fare, o Dio, la tua volontà"». Dopo aver detto: «Tu non hai voluto e non hai gradito né sacrifici, né offerte, né olocausti, né sacrifici per il peccato» (che sono offerti secondo la legge), aggiunge poi: «Ecco, vengo per fare la tua volontà». Così, egli abolisce il primo per stabilire il secondo. In virtù di questa «volontà» noi siamo stati santificati, mediante l'offerta del corpo di Gesù Cristo fatta una volta per sempre" (Eb. 10:1-10).

[58] "*poiché Cristo è il termine della legge, per la giustificazione di tutti coloro che credono*" (Ro. 10:4). "*ma quando giunse la pienezza del tempo, Dio mandò suo Figlio, nato da donna, nato sotto la legge, per riscattare quelli che erano sotto la legge, affinché noi ricevessimo l'adozione*" (Ga. 4:4,5); "*che sono l'ombra di cose che dovevano avvenire; ma il corpo è di Cristo*" (Cl. 2:17).

[59] *"Stretta invece è la porta e angusta la via che conduce alla vita, e pochi sono quelli che la trovano"* (Mt. 7:14); *"ma a tutti quelli che l'hanno ricevuto egli ha dato il diritto di diventar figli di Dio: a quelli, cioè, che credono nel suo nome"* (Gv. 1:12); *"Perché Dio ha tanto amato il mondo, che ha dato il suo unigenito Figlio, affinché chiunque crede in lui non perisca, ma abbia vita eterna. ...Chi crede in lui non è giudicato; chi non crede è già giudicato, perché non ha creduto nel nome dell'unigenito Figlio di Dio ...Chi crede nel Figlio ha vita eterna, chi invece rifiuta di credere al Figlio non vedrà la vita, ma l'ira di Dio rimane su di lui"* (Gv. 3:16,18,36); *"Se la primizia è santa, anche la massa è santa; se la radice è santa, anche i rami sono santi. Se alcuni rami sono stati troncati, mentre tu, che sei olivo selvatico, sei stato innestato al loro posto e sei diventato partecipe della radice e della linfa dell'olivo, non insuperbirti contro i rami; ma, se t'insuperbisci, sappi che non sei tu che porti la radice, ma è la radice che porta*

21. D. **Che cos'è una fede vera?**

R. Non è solo una conoscenza certa mediante la quale tengo per vero tutto ciò che Dio ci ha rivelato nella Sua Parola[60], ma è anche una fiducia piena ed intera[61] che lo Spirito Santo produce in me[62] attraverso l'Evangelo e che mi assicura che non è soltanto agli altri, ma anche a me[63] che Dio ha offerto la remissione

---

te. Allora tu dirai: «Sono stati troncati i rami perché fossi innestato io». Bene: essi sono stati troncati per la loro incredulità e tu rimani stabile per la fede; non insuperbirti, ma temi. Perché se Dio non ha risparmiato i rami naturali, non risparmierà neppure te" (Ro. 11:16-21).

[60] *"Questa è la vita eterna: che conoscano te, il solo vero Dio, e colui che tu hai mandato, Gesù Cristo. ...Santificali nella verità: la tua parola è verità"* (Gv. 17:3-17); *"Or la fede è certezza di cose che si sperano, dimostrazione di realtà che non si vedono. Infatti, per essa fu resa buona testimonianza agli antichi. Per fede comprendiamo che i mondi sono stati formati dalla parola di Dio; così le cose che si vedono non sono state tratte da cose apparenti"* (Eb. 11:1-3); *"Tu credi che c'è un solo Dio, e fai bene; anche i demòni lo credono e tremano"* (Gm. 2:19).

[61] "Egli, sperando contro speranza, credette, per diventare padre di molte nazioni, secondo quello che gli era stato detto: «Così sarà la tua discendenza». Senza venir meno nella fede, egli vide che il suo corpo era svigorito (aveva quasi cent'anni) e che Sara non era più in grado di essere madre; davanti alla promessa di Dio non vacillò per incredulità, ma fu fortificato nella sua fede e diede gloria a Dio, pienamente convinto che quanto egli ha promesso, è anche in grado di compierlo" (Ro. 4:18-21); "Giustificati dunque per fede, abbiamo pace con Dio per mezzo di Gesù Cristo, nostro Signore" (Ro. 5:1); "infatti con il cuore si crede per ottenere la giustizia e con la bocca si fa confessione per essere salvati" (Ro. 10:10); "Accostiamoci dunque con piena fiducia al trono della grazia, per ottenere misericordia e trovar grazia ed essere soccorsi al momento opportuno" (Eb. 4:16).

[62] "Una donna della città di Tiatiri, commerciante di porpora, di nome Lidia, che temeva Dio, ci stava ad ascoltare. Il Signore le aprì il cuore, per renderla attenta alle cose dette da Paolo" (At. 16:14); "Infatti non mi vergogno del vangelo; perché esso è potenza di Dio per la salvezza di chiunque crede; del Giudeo prima e poi del Greco" (Ro. 1:16); "Così la fede viene da ciò che si ascolta, e ciò che si ascolta viene dalla parola di Cristo" (Ro.

dei peccati, la giustizia e la salvezza eterna[64], per pura grazia, per il solo merito di Cristo[65].

22. D. **Ma che cosa è necessario che un cristiano creda?**

R. **Tutto ciò che gli è promesso nell'Evangelo**[66] e che gli articoli della nostra fede cristiana, universale e indubitabile, ci insegnano in breve.

10:17); "Poiché il mondo non ha conosciuto Dio mediante la propria sapienza, è piaciuto a Dio, nella sua sapienza, di salvare i credenti con la pazzia della predicazione" (1 Co. 1:21).

[63] "Sono stato crocifisso con Cristo: non sono più io che vivo, ma Cristo vive in me! La vita che vivo ora nella carne, la vivo nella fede nel Figlio di Dio il quale mi ha amato e ha dato sé stesso per me" (Ga. 2:20).

[64] "poiché in esso la giustizia di Dio è rivelata da fede a fede, com'è scritto: «Il giusto per fede vivrà»" (Ro. 1:17); "In virtù di questa «volontà» noi siamo stati santificati, mediante l'offerta del corpo di Gesù Cristo fatta una volta per sempre" (Eb. 10:10).

[65] "perché mediante le opere della legge nessuno sarà giustificato davanti a lui; infatti la legge dà soltanto la conoscenza del peccato. La giustificazione attraverso la fede in Cristo. Ora però, indipendentemente dalla legge, è stata manifestata la giustizia di Dio, della quale danno testimonianza la legge e i profeti: vale a dire la giustizia di Dio mediante la fede in Gesù Cristo, per tutti coloro che credono - infatti non c'è distinzione: tutti hanno peccato e sono privi della gloria di Dio - ma sono giustificati gratuitamente per la sua grazia, mediante la redenzione che è in Cristo Gesù. Dio lo ha prestabilito come sacrificio propiziatorio mediante la fede nel suo sangue, per dimostrare la sua giustizia, avendo usato tolleranza verso i peccati commessi in passato, al tempo della sua divina pazienza; e per dimostrare la sua giustizia nel tempo presente affinché egli sia giusto e giustifichi colui che ha fede in Gesù" (Ro. 3:20-26); "sappiamo che l'uomo non è giustificato per le opere della legge ma soltanto per mezzo della fede in Cristo Gesù, e abbiamo anche noi creduto in Cristo Gesù per essere giustificati dalla fede in Cristo e non dalle opere della legge; perché dalle opere della legge nessuno sarà giustificato" (Ga. 2:16); "Infatti è per grazia che siete stati salvati, mediante la fede; e ciò non viene da voi; è il dono di Dio. Non è in virtù di opere affinché nessuno se ne vanti; infatti siamo opera sua, essendo stati creati in Cristo Gesù per fare le opere buone, che Dio ha precedentemente preparate affinché le

23. D. **Che cosa dicono questi articoli?**

R. **Credo in Dio, Padre onnipotente, Creatore del cielo e della terra; e in Gesù Cristo, suo unico Figlio, nostro Signore, il quale fu concepito di Spirito Santo, nacque da Maria Vergine, patì sotto Ponzio Pilato, fu crocifisso, morì e fu sepolto; discese all'inferno; il terzo giorno risuscitò da morte; salì al cielo, siede alla destra di Dio Padre onnipotente; di là verrà a giudicare i vivi e i morti. Credo nello Spirito Santo, la santa Chiesa cristiana universale, la comunione dei Santi, la remissione dei peccati, la risurrezione della carne, la vita eterna. Amen.**

Ottava domenica

24. D. **Come si dividono questi articoli?**

R. In tre parti. La prima tratta di Dio Padre e della nostra creazione. La seconda di Dio Figlio e della nostra redenzione. La terza dello Spirito Santo, e della nostra santificazione.

---

pratichiamo" (Ef. 2:8-10).

[66] "Andate dunque e fate miei discepoli tutti i popoli battezzandoli nel nome del Padre, del Figlio e dello Spirito Santo" (Mt. 28:19); "or Gesù fece in presenza dei discepoli molti altri segni miracolosi, che non sono scritti in questo libro; ma questi sono stati scritti, affinché crediate che Gesù è il Cristo, il Figlio di Dio, e, affinché, credendo, abbiate vita nel suo nome" (Gv. 20:30,31).

25. D. **Poiché non esiste che un unico Dio[67], perché parli di tre persone, il Padre, il Figlio e lo Spirito Santo?**

R. **Perché Dio si è rivelato tale nella Sua Parola[68]**, per cui queste tre persone distinte sono il solo, vero ed eterno Dio.

---

[67] "Ascolta, Israele: Il SIGNORE, il nostro Dio, è l'unico SIGNORE" (De. 6:4). "«Così parla il SIGNORE, re d'Israele e suo salvatore, il SIGNORE degli eserciti: Io sono il primo e sono l'ultimo, e fuori di me non c'è Dio" (Is. 44:6); "Io sono il SIGNORE, e non ce n'è alcun altro; fuori di me non c'è altro Dio! Io ti ho preparato, sebbene non mi conoscevi" (Is. 45:5); "Quanto dunque al mangiar carni sacrificate agli idoli, sappiamo che l'idolo non è nulla nel mondo, e che non c'è che un Dio solo. Poiché, sebbene vi siano cosiddetti dèi, sia in cielo sia in terra, come infatti ci sono molti dèi e signori, tuttavia per noi c'è un solo Dio, il Padre, dal quale sono tutte le cose, e noi viviamo per lui, e un solo Signore, Gesù Cristo, mediante il quale sono tutte le cose, e mediante il quale anche noi siamo" (1 Co. 8:4).

[68]"La terra era informe e vuota, le tenebre coprivano la faccia dell'abisso e lo Spirito di Dio aleggiava sulla superficie delle acque. Dio disse: «Sia luce!» E luce fu" (Ge. b1:2,3); "Lo spirito del Signore, di DIO, è su di me, perché il SIGNORE mi ha unto per recare una buona notizia agli umili; mi ha inviato per fasciare quelli che hanno il cuore spezzato, per proclamare la libertà a quelli che sono schiavi, l'apertura del carcere ai prigionieri" (Is. 61:1); "Egli aveva detto: «Certo, essi sono il mio popolo, i figli che non m'inganneranno». Fu il loro salvatore in tutte le loro angosce. Non fu un inviato, né un angelo ma lui stesso a salvarli; nel suo amore e nella sua benevolenza egli li redense; se li prese sulle spalle e li portò tutti i giorni del passato; ma essi furono ribelli, contristarono il suo spirito santo; perciò egli si mutò in loro nemico, ed egli stesso combatté contro di loro" (Is. 63:8); "Gesù, appena fu battezzato, salì fuori dall'acqua; ed ecco i cieli si aprirono ed egli vide lo Spirito di Dio scendere come una colomba e venire su di lui. Ed ecco una voce dai cieli che disse: «Questo è il mio diletto Figlio, nel quale mi sono compiaciuto»" (Mt. 3:16,17); "E Gesù, avvicinatosi, parlò loro, dicendo: «Ogni potere mi è stato dato in cielo e sulla terra. Andate dunque e fate miei discepoli tutti i popoli battezzandoli nel nome del Padre, del Figlio e dello Spirito Santo" (Mt. 28:18); "«Lo Spirito del Signore è sopra di me; perciò

Dio Padre

Nona domenica

D. 26 **Che cosa credi quando dici "Io credo in Dio Padre onnipotente, Creatore del cielo e della terra"?**

R. **Che l'eterno Padre di nostro Signore Gesù Cristo** ha creato dal nulla il cielo e la terra e tutto ciò che vi si trova[69] e che Egli continua a conservarli ed a governarli mediante il Suo eterno consiglio e la Sua

---

mi ha unto per evangelizzare i poveri; mi ha mandato ad annunziare la liberazione ai prigionieri, e ai ciechi il ricupero della vista; a rimettere in libertà gli oppressi" (Lu. 4:18); "ma il Consolatore, lo Spirito Santo, che il Padre manderà nel mio nome, vi insegnerà ogni cosa e vi ricorderà tutto quello che vi ho detto" (Gv. 4:26). "Ma quando sarà venuto il Consolatore che io vi manderò da parte del Padre, lo Spirito della verità che procede dal Padre, egli testimonierà di me" (Gv. 15:26); "La grazia del Signore Gesù Cristo e l'amore di Dio e la comunione dello Spirito Santo siano con tutti voi" (2 Co. 13:13). "E, perché siete figli, Dio ha mandato lo Spirito del Figlio suo nei nostri cuori, che grida: «Abbà, Padre»" (Ga. 6:4); "egli ci ha salvati non per opere giuste da noi compiute, ma per la sua misericordia, mediante il bagno della rigenerazione e del rinnovamento dello Spirito Santo, che egli ha sparso abbondantemente su di noi per mezzo di Cristo Gesù, nostro Salvatore" (Tt. 3:5,6).

[69] Genesi, capitoli 1, 2; Es. 20:11 "poiché in sei giorni il SIGNORE fece i cieli, la terra, il mare e tutto ciò che è in essi, e si riposò il settimo giorno; perciò il SIGNORE ha benedetto il giorno del riposo e lo ha santificato"; Giobbe, capitoli 38, 39; Salmo 33:6 "I cieli furono fatti dalla parola del SIGNORE, e tutto il loro esercito dal soffio della sua bocca"; Is. 44:24 "Così parla il SIGNORE, il tuo salvatore, colui che ti ha formato fin dal seno materno: Io sono il SIGNORE, che ha fatto tutte le cose; io solo ho spiegato i cieli, ho disteso la terra, senza che vi fosse nessuno con me"; At. 4:24 "«Signore, tu sei colui che ha fatto il cielo, la terra, il mare e tutte le cose che sono in essi"; At. 14:15 "Uomini, perché fate queste cose? Anche noi siamo esseri umani come voi; e vi predichiamo che da queste vanità vi convertiate al Dio vivente, che ha fatto il cielo, la terra, il mare e tutte le cose che sono in essi".

provvidenza[70] e che Egli **è anche il mio Dio e mio Padre per amore di Suo Figlio Gesù Cristo**[71]. In Lui io confido, al punto da non dubitare che **Egli si prenda cura di tutto ciò di cui io ho bisogno per il corpo e per l'anima**[72] e anche che volga in bene per me tutte le avversità che mi manda in questa valle

---

[70] Sl. 104:27-30 "Tutti quanti sperano in te perché tu dia loro il cibo a suo tempo. Tu lo dai loro ed essi lo raccolgono; tu apri la mano, e sono saziati di beni. Tu nascondi la tua faccia, e sono smarriti; tu ritiri il loro fiato e muoiono, ritornano nella loro polvere. Tu mandi il tuo spirito e sono creati, e tu rinnovi la faccia della terra"; Is. 44:24 "Così parla il SIGNORE, il tuo salvatore, colui che ti ha formato fin dal seno materno: Io sono il SIGNORE, che ha fatto tutte le cose; io solo ho spiegato i cieli, ho disteso la terra, senza che vi fosse nessuno con me"; At. 4:24 "«Signore, tu sei colui che ha fatto il cielo, la terra, il mare e tutte le cose che sono in essi"; " At. 14:15 "Uomini, perché fate queste cose? Anche noi siamo esseri umani come voi; e vi predichiamo che da queste vanità vi convertiate al Dio vivente, che ha fatto il cielo, la terra, il mare e tutte le cose che sono in essi".

[71] Gv. 1:12,13, a tutti quelli che l'hanno ricevuto egli ha dato il diritto di diventar figli di Dio: a quelli, cioè, che credono nel suo nome; i quali non sono nati da sangue, né da volontà di carne, né da volontà d'uomo, ma sono nati da Dio"; Ro. 8:15,16 "voi non avete ricevuto uno spirito di servitù per ricadere nella paura, ma avete ricevuto lo Spirito di adozione, mediante il quale gridiamo: «Abbà! Padre!». Lo Spirito stesso attesta insieme con il nostro spirito che siamo figli di Dio"; Ga. 4:4-7 "quando giunse la pienezza del tempo, Dio mandò suo Figlio, nato da donna, nato sotto la legge, per riscattare quelli che erano sotto la legge, affinché noi ricevessimo l'adozione. E, perché siete figli, Dio ha mandato lo Spirito del Figlio suo nei nostri cuori, che grida: «Abbà, Padre». Così tu non sei più servo, ma figlio; e se sei figlio, sei anche erede per grazia di Dio"; Ef. 1:5 "avendoci predestinati nel suo amore a essere adottati per mezzo di Gesù Cristo come suoi figli, secondo il disegno benevolo della sua volontà".

[72] Sl. 55:22 "Getta sul SIGNORE il tuo affanno, ed egli ti sosterrà; egli non permetterà mai che il giusto vacilli"; Mt. 6:25,26 "Perciò vi dico: non siate in ansia per la vostra vita, di che cosa mangerete o di che cosa berrete; né per il vostro corpo, di che vi vestirete. Non è la vita più del nutrimento, e il corpo più del vestito? Guardate gli

di lacrime[73]; Egli infatti, come Dio onnipotente, può farlo[74] e, come Padre fedele, vuole anche farlo[75].

uccelli del cielo: non seminano, non mietono, non raccolgono in granai, e il Padre vostro celeste li nutre. Non valete voi molto più di loro?"; Lu. 12:22-31 "Poi disse ai suoi discepoli: «Perciò vi dico: non siate in ansia per la vita vostra, di quel che mangerete, né per il corpo, di che vi vestirete; poiché la vita è più del nutrimento e il corpo più del vestito. Osservate i corvi: non seminano, non mietono; non hanno dispensa né granaio, eppure Dio li nutre. E voi, quanto più degli uccelli valete! E chi di voi può con la sua preoccupazione aggiungere un'ora sola alla durata della sua vita? Se dunque non potete fare nemmeno ciò che è minimo, perché vi affannate per il resto? Guardate i gigli, come crescono; non faticano e non filano; eppure io vi dico che Salomone stesso, con tutta la sua gloria, non fu mai vestito come uno di loro. Or se Dio riveste così l'erba che oggi è nel campo e domani è gettata nel forno, quanto più vestirà voi, gente di poca fede! Anche voi non state a cercare che cosa mangerete e che cosa berrete, e non state in ansia! Perché è la gente del mondo che ricerca tutte queste cose; ma il Padre vostro sa che ne avete bisogno. Cercate piuttosto il suo regno, e queste cose vi saranno date in più".

[73] Ro. 8:28 „Or sappiamo che tutte le cose cooperano al bene di quelli che amano Dio, i quali sono chiamati secondo il suo disegno".

[74] Ge. 18:14 "Vi è forse qualcosa che sia troppo difficile per il SIGNORE? Al tempo fissato, l'anno prossimo, tornerò e Sara avrà un figlio"; Ro.8:31-39 "Che diremo dunque riguardo a queste cose? Se Dio è per noi chi sarà contro di noi? Colui che non ha risparmiato il proprio Figlio, ma lo ha dato per noi tutti, non ci donerà forse anche tutte le cose con lui?3 Chi accuserà gli eletti di Dio? Dio è colui che li giustifica. Chi li condannerà? Cristo Gesù è colui che è morto e, ancor più, è risuscitato, è alla destra di Dio e anche intercede per noi. Chi ci separerà dall'amore di Cristo? Sarà forse la tribolazione, l'angoscia, la persecuzione, la fame, la nudità, il pericolo, la spada? Com'è scritto: «Per amor di te siamo messi a morte tutto il giorno; siamo stati considerati come pecore da macello». Ma, in tutte queste cose, noi siamo più che vincitori, in

Decima domenica

27. D. **Che cosa intendi con provvidenza di Dio?**

R. **La provvidenza di Dio è la forza onnipotente ed onnipresente di Dio[76] mediante la quale Egli tiene come per mano i cieli e la terra, con tutte le creature[77] , e li governa**, cosicché arbusti ed erba, pioggia e siccità, annata fertile e sterile, cibo e

---

virtù di colui che ci ha amati. Infatti sono persuaso che né morte, né vita, né angeli, né principati, né cose presenti, né cose future, né potenze, né altezza, né profondità, né alcun'altra creatura potranno separarci dall'amore di Dio che è in Cristo Gesù, nostro Signore".

[75] Mt. 6:32,33 "Perché sono i pagani che ricercano tutte queste cose; ma il Padre vostro celeste sa che avete bisogno di tutte queste cose. Cercate prima il regno e la giustizia di Dio, e tutte queste cose vi saranno date in più"; Mt. 7:9-11 "Qual è l'uomo tra di voi, il quale, se il figlio gli chiede un pane, gli dia una pietra? Oppure se gli chiede un pesce, gli dia un serpente? Se dunque voi, che siete malvagi, sapete dare buoni doni ai vostri figli, quanto più il Padre vostro, che è nei cieli, darà cose buone a quelli che gliele chiedono!"

[76] "Sono io soltanto un Dio da vicino", dice il SIGNORE, "e non un Dio da lontano? Potrebbe uno nascondersi in luogo occulto in modo che io non lo veda?" dice il SIGNORE. "Io non riempio forse il cielo e la terra?" dice il SIGNORE" (Gr. 23; 23,24); "Il Dio che ha fatto il mondo e tutte le cose che sono in esso, essendo Signore del cielo e della terra, non abita in templi costruiti da mani d'uomo; e non è servito dalle mani dell'uomo, come se avesse bisogno di qualcosa; lui, che dà a tutti la vita, il respiro e ogni cosa. Egli ha tratto da uno solo tutte le nazioni degli uomini perché abitino su tutta la faccia della terra, avendo determinato le epoche loro assegnate, e i confini della loro abitazione, affinché cerchino Dio, se mai giungano a trovarlo, come a tastoni, benché egli non sia lontano da ciascuno di noi. Difatti, in lui viviamo, ci muoviamo, e siamo, come anche alcuni vostri poeti hanno detto: "Poiché siamo anche sua discendenza" (At. 17:24-28).

[77] "Egli, che è splendore della sua gloria e impronta della sua essenza, e che sostiene tutte le cose con la parola della sua potenza, dopo aver fatto la purificazione dei peccati, si è seduto alla destra della Maestà nei luoghi altissimi" (Eb. 1:3).

bevanda, salute e malattia, ricchezza e povertà[78] , e ogni altra cosa, non ci vengono dal caso, ma[79] dalla Sua mano paterna[80].

28. D. **Quale profitto otteniamo dalla conoscenza della creazione e della provvidenza di Dio?**

R. Di essere pazienti in ogni avversità[81], riconoscenti nella gioia [nella prosperità], e di confidare per il

[78] "Non dicono in cuor loro: "Temiamo il SIGNORE, il nostro Dio, che dà la pioggia a suo tempo: la pioggia della prima e dell'ultima stagione, che ci mantiene le settimane fissate per la mietitura" (Gr. 22:2); "Uomini, perché fate queste cose? Anche noi siamo esseri umani come voi; e vi predichiamo che da queste vanità vi convertiate al Dio vivente, che ha fatto il cielo, la terra, il mare e tutte le cose che sono in essi. Egli, nelle generazioni passate, ha lasciato che ogni popolo seguisse la propria via, senza però lasciare sé stesso privo di testimonianza, facendo del bene, mandandovi dal cielo pioggia e stagioni fruttifere, dandovi cibo in abbondanza, e letizia nei vostri cuori" (At. 14:15-17); "Gesù rispose: "Né lui ha peccato, né i suoi genitori; ma è così, affinché le opere di Dio siano manifestate in lui" (Gv. 9:3); "Il ricco e il povero s'incontrano; il SIGNORE li ha fatti tutti e due" (Pr. 22:2).

[79] Nudo sono uscito dal grembo di mia madre, e nudo tornerò in grembo alla terra; il SIGNORE ha dato, il SIGNORE ha tolto; sia benedetto il nome del SIGNORE. In tutto questo Giobbe non peccò e non attribuì a Dio nessuna colpa" (Gb. 1:21,22); "Allontana da me il tuo flagello! Io mi consumo sotto i colpi della tua mano" (Sl. 39:10); "...sapendo che la prova della vostra fede produce costanza" (Gm. 1:3).

[80] "Mangerai dunque e ti sazierai e benedirai il SIGNORE, il tuo Dio, a motivo del buon paese che ti avrà dato" (De. 8:10); "In ogni cosa rendete grazie, perché questa è la volontà di Dio in Cristo Gesù verso di voi" (1 Ts. 5:18).

[81] "Getta sul SIGNORE il tuo affanno, ed egli ti sosterrà; egli non permetterà mai che il giusto vacilli" (Sl. 55:22); "non solo, ma ci gloriamo anche nelle afflizioni, sapendo che l'afflizione produce pazienza, la pazienza esperienza, e l'esperienza speranza. Or la speranza non delude, perché l'amore di Dio è stato sparso nei nostri cuori mediante lo Spirito Santo che ci è stato dato" (Ro. 5:3-5); "infatti sono persuaso che né morte, né vita, né angeli, né principati, né cose presenti, né cose future, né potenze, né altezza, né profondità, né alcun'altra creatura potranno separarci dall'amore di Dio che è in Cristo Gesù, nostro Signore" (Ro.

nostro avvenire nel nostro Dio e Padre fedele, dal cui amore nessuna creatura ci separerà, poiché tutte le creature sono a tal punto nella Sua mano che non possono fare il minimo movimento senza la Sua volontà[82] .

8:38,39).

[82] "Il SIGNORE disse a Satana: "Ebbene, tutto quello che possiede è in tuo potere; soltanto, non stender la mano sulla sua persona". E Satana si ritirò dalla presenza del SIGNORE (...) Il SIGNORE disse a Satana: "Ebbene, egli è in tuo potere; soltanto rispetta la sua vita"" (Gb. 1:12; 2:6); "Il cuore del re, nella mano del SIGNORE, è come un corso d'acqua; egli lo dirige dovunque gli piace" (Pr. 21:1); "Il Dio che ha fatto il mondo e tutte le cose che sono in esso, essendo Signore del cielo e della terra, non abita in templi costruiti da mani d'uomo; e non è servito dalle mani dell'uomo, come se avesse bisogno di qualcosa; lui, che dà a tutti la vita, il respiro e ogni cosa. Egli ha tratto da uno solo tutte le nazioni degli uomini perché abitino su tutta la faccia della terra, avendo determinato le epoche loro assegnate, e i confini della loro abitazione, affinché cerchino Dio, se mai giungano a trovarlo, come a tastoni, benché egli non sia lontano da ciascuno di noi. Difatti, in lui viviamo, ci muoviamo, e siamo, come anche alcuni vostri poeti hanno detto: "Poiché siamo anche sua discendenza" (At. 17:24-28).

Undicesima domenica

29. D. **Perché il Figlio di Dio è chiamato "Gesù", cioè "Salvatore"?**

R. **Perché ci salva da tutti i nostri peccati**[83] e non si può cercare né trovare una qualche salvezza in nessun altro[84].

30. D. **Credono quindi in Gesù, l'unico Salvatore, anche coloro che cercano la loro felicità e la loro salvezza nei santi, in loro stessi o altrove**?

R. **No**, perché sebbene essi vantino di credere in Lui, di fatto essi **rinnegano l'unico Salvatore Gesù**[85], perché solo una di queste cose può essere vera: o

---

[83] "*Ella partorirà un figlio, e tu gli porrai nome Gesù, perché è lui che salverà il suo popolo dai loro peccati*" (Mt. 1:21); "*Perciò egli può salvare perfettamente quelli che per mezzo di lui si avvicinano a Dio, dal momento che vive sempre per intercedere per loro*" (Eb. 7:25).

[84] "*Io, io sono il SIGNORE, e fuori di me non c'è salvatore*" (Is. 43:11); "*Dimorate in me, e io dimorerò in voi. Come il tralcio non può da sé dar frutto se non rimane nella vite, così neppure voi, se non dimorate in me. Io sono la vite, voi siete i tralci. Colui che dimora in me e nel quale io dimoro, porta molto frutto; perché senza di me non potete far nulla*" (Gv. 15:4,5); "*Egli è "la pietra che è stata da voi costruttori rifiutata, ed è divenuta la pietra angolare. In nessun altro è la salvezza; perché non vi è sotto il cielo nessun altro nome che sia stato dato agli uomini, per mezzo del quale noi dobbiamo essere salvati»* (At. 4:11,12); "*Infatti c'è un solo Dio e anche un solo mediatore fra Dio e gli uomini, Cristo Gesù uomo*" (1 Ti. 2:5).

[85] "*Voglio dire che ciascuno di voi dichiara: «Io sono di Paolo»; «io d'Apollo»; «io di Cefa»; «io di Cristo». Cristo è forse diviso? Paolo è stato forse crocifisso per voi? O siete voi stati battezzati nel nome di Paolo?*" (1 Co. 1:12,13); "*Voi che volete essere giustificati dalla legge, siete separati da Cristo; siete scaduti dalla grazia*" (Ga. 5:4).

Gesù non è un Salvatore completo, oppure coloro che, con vera fede, accettano questo Salvatore, devono trovare in Lui tutto ciò che è necessario per la loro salvezza[86].

Dodicesima domenica

31. **D. Perché Egli è chiamato *il Cristo*, cioè l'Unto?**

R. **Perché è stato consacrato da Dio Padre ed unto di Spirito Santo**[87]: per essere il nostro supremo profeta e dottore[88], che ci ha pienamente rivelato il consiglio nascosto e la volontà di Dio al riguardo della nostra redenzione[89]; per essere il nostro unico Sommo

---

[86] "*Poiché al Padre piacque di far abitare in lui tutta la pienezza e di riconciliare con sé tutte le cose per mezzo di lui, avendo fatto la pace mediante il sangue della sua croce; per mezzo di lui, dico, tanto le cose che sono sulla terra, quanto quelle che sono nei cieli*" (Cl. 1:19,20); "*voi avete tutto pienamente in lui, che è il capo di ogni principato e di ogni potenza*" (Cl. 2:10); "*Carissimi, non vi scrivo un comandamento nuovo, ma un comandamento vecchio che avevate fin da principio: il comandamento vecchio è la parola che avete udita*" (1 Gv. 2:7).

[87] "Tu ami la giustizia e detesti l'empietà. Perciò Dio, il tuo Dio, ti ha unto d'olio di letizia; ti ha preferito ai tuoi compagni" (Sl. 45:7); "Lo Spirito del Signore, di DIO, è su di me, perché il SIGNORE mi ha unto per recare una buona notizia agli umili; mi ha inviato per fasciare quelli che hanno il cuore spezzato, per proclamare la libertà a quelli che sono schiavi, l'apertura del carcere ai prigionieri" (Is. 61:1); "Ora, mentre tutto il popolo si faceva battezzare, anche Gesù fu battezzato; e, mentre pregava, si aprì il cielo, e lo Spirito Santo scese su di lui in forma corporea, come una colomba; e venne una voce dal cielo: «Tu sei il mio diletto Figlio; in te mi sono compiaciuto»" (Lu. 3:22).

[88] « Per te il SIGNORE, il tuo Dio, farà sorgere in mezzo a te, fra i tuoi fratelli, un profeta come me; a lui darete ascolto! » (De. 18:15).

[89] "Nessuno ha mai visto Dio; l'unigenito Dio, che è nel seno del Padre, è quello che l'ha fatto conoscere" (Gv. 18:18); "Io non vi chiamo più servi, perché il servo non sa quello che fa il suo signore; ma vi ho chiamati amici, perché vi ho fatto conoscere tutte le cose che ho udite dal Padre mio" (Gv. 15:15).

Sacerdote[90], che ci ha redenti[91] mediante il sacrificio unico del Suo corpo e che, continuamente, con la Sua intercessione, perora la nostra causa presso il Padre[92]; e per essere il nostro eterno Re[93], che ci governa mediante la Sua Parola e il Suo Spirito e che ci protegge e ci conserva nella redenzione che ci ha acquistato[94].

---

[90] "Il SIGNORE ha giurato e non si pentirà: «Tu sei Sacerdote in eterno, secondo l'ordine di Melchisedec" (Sl. 110:4).

[91] "...è entrato una volta per sempre nel luogo santissimo, non con sangue di capri e di vitelli, ma con il proprio sangue. Così ci ha acquistato una redenzione eterna" (Eb. 9:12); "Mentre ogni sacerdote sta in piedi ogni giorno a svolgere il suo servizio e offrire ripetutamente gli stessi sacrifici che non possono mai togliere i peccati, Gesù, dopo aver offerto un unico sacrificio per i peccati, e per sempre, si è seduto alla destra di Dio, e aspetta soltanto che i suoi nemici siano posti come sgabello dei suoi piedi. Infatti con un'unica offerta egli ha reso perfetti per sempre quelli che sono santificati" (Eb. 10:11-14).

[92] "Chi li condannerà? Cristo Gesù è colui che è morto e, ancor più, è risuscitato, è alla destra di Dio e anche intercede per noi" (Ro. 8:34); "Infatti Cristo non è entrato in un luogo santissimo fatto da mano d'uomo, figura del vero; ma nel cielo stesso, per comparire ora alla presenza di Dio per noi" (Eb. 9:24); "Figlioli miei, vi scrivo queste cose perché non pecchiate; e se qualcuno ha peccato, noi abbiamo un avvocato presso il Padre: Gesù Cristo, il giusto" (1 Gv. 2:1).

[93] "Esulta grandemente, o figlia di Sion, manda grida di gioia, o figlia di Gerusalemme; ecco, il tuo re viene a te; egli è giusto e vittorioso, umile, in groppa a un asino, sopra un puledro, il piccolo dell'asina" (Za. 9:9); "Egli regnerà sulla casa di Giacobbe in eterno, e il suo regno non avrà mai fine" (Lu. 1:33).

[94] "E Gesù, avvicinatosi, parlò loro, dicendo: «Ogni potere mi è stato dato in cielo e sulla terra. Andate dunque e fate miei discepoli tutti i popoli battezzandoli nel nome del Padre, del Figlio e dello Spirito Santo, insegnando loro a osservare tutte quante le cose che vi ho comandate. Ed ecco, io sono con voi tutti i giorni, sino alla fine dell'età presente»" (Mt. 28:19,20); "...e io do loro la vita eterna e non periranno mai e nessuno le rapirà dalla mia mano" (Gv. 10:28); "Allora udii una gran voce nel cielo, che diceva: «Ora è venuta la salvezza e la potenza, il regno del nostro Dio, e il potere del suo Cristo, perché è stato gettato giù l'accusatore dei

32. D. **Perché sei chiamato “cristiano”?**

R. **Perché per la fede sono un membro di Cristo**[95] e reso così partecipe della Sua unzione[96], per confessare anch’io (come profeta) il Suo nome[97], per offrirmi a Lui (come sacerdote) in sacrificio vivente di ringraziamento[98] e (come re) per combattere in questa vita con una coscienza libera contro il peccato e il diavolo[99] e, infine, per regnare eternamente con Lui su tutte le creature[100].

---

nostri fratelli, colui che giorno e notte li accusava davanti al nostro Dio. Ma essi lo hanno vinto per mezzo del sangue dell'Agnello, e con la parola della loro testimonianza; e non hanno amato la loro vita, anzi l'hanno esposta alla morte" (Ap. 12:10,11).

[95] "Poiché, come il corpo è uno e ha molte membra, e tutte le membra del corpo, benché siano molte, formano un solo corpo, così è anche di Cristo. Infatti noi tutti siamo stati battezzati mediante un unico Spirito per formare un unico corpo, Giudei e Greci, schiavi e liberi; e tutti siamo stati abbeverati di un solo Spirito. Infatti il corpo non si compone di un membro solo, ma di molte membra. Se il piede dicesse: «Siccome io non sono mano, non sono del corpo», non per questo non sarebbe del corpo. Se l'orecchio dicesse: «Siccome io non sono occhio, non sono del corpo», non per questo non sarebbe del corpo. Se tutto il corpo fosse occhio, dove sarebbe l'udito? Se tutto fosse udito, dove sarebbe l'odorato? Ma ora Dio ha collocato ciascun membro nel corpo, come ha voluto. Se tutte le membra fossero un unico membro, dove sarebbe il corpo? Ci son dunque molte membra, ma c'è un unico corpo; l'occhio non può dire alla mano: «Non ho bisogno di te»; né il capo può dire ai piedi: «Non ho bisogno di voi». Al contrario, le membra del corpo che sembrano essere più deboli, sono invece necessarie; e quelle parti del corpo che stimiamo essere le meno onorevoli, le circondiamo di maggior onore; le nostre parti indecorose sono trattate con maggior decoro, mentre le parti nostre decorose non ne hanno bisogno; ma Dio ha formato il corpo in modo da dare maggior onore alla parte che ne mancava, perché non ci fosse divisione nel corpo, ma le membra avessero la medesima cura le une per le altre. Se un membro soffre, tutte le membra soffrono con lui; se un membro è onorato, tutte le membra ne gioiscono con lui. Ora voi siete il corpo di Cristo e membra di esso, ciascuno per parte sua” (1 Co. 12:12-27).

[96] "Dopo questo, avverrà che io spargerò il mio spirito su ogni persona: i vostri figli e le vostre figlie profetizzeranno, i vostri vecchi faranno dei sogni, vostri giovani avranno delle visioni" (Gl.

2:28). "Quel che era dal principio, quel che abbiamo udito, quel che abbiamo visto con i nostri occhi, quel che abbiamo contemplato e che le nostre mani hanno toccato della parola della vita" (1 Gv. 2:27).

[97] "Chi dunque mi riconoscerà davanti agli uomini, anch'io riconoscerò lui davanti al Padre mio che è nei cieli" (Mt. 10:32); "perché, se con la bocca avrai confessato Gesù come Signore e avrai creduto con il cuore che Dio lo ha risuscitato dai morti, sarai salvato. Fratelli, il desiderio del mio cuore e la mia preghiera a Dio per loro è che siano salvati" (Ro. 10:9,10); "Per mezzo di Gesù, dunque, offriamo continuamente a Dio un sacrificio di lode: cioè, il frutto di labbra che confessano il suo nome" (Eb. 13:15).

[98] "Vi esorto dunque, fratelli, per la misericordia di Dio, a presentare i vostri corpi in sacrificio vivente, santo, gradito a Dio; questo è il vostro culto spirituale" (Ro. 12:1); "anche voi, come pietre viventi, siete edificati per formare una casa spirituale, un sacerdozio santo, per offrire sacrifici spirituali, graditi a Dio per mezzo di Gesù Cristo" (1 Pi. 2:5); "Ma voi siete una stirpe eletta, un sacerdozio regale, una gente santa, un popolo che Dio si è acquistato, perché proclamiate le virtù di colui che vi ha chiamati dalle tenebre alla sua luce meravigliosa" (1 Pi. 2:9).

[99] "Io dico: camminate secondo lo Spirito e non adempirete affatto i desideri della carne. Perché la carne ha desideri contrari allo Spirito e lo Spirito ha desideri contrari alla carne; sono cose opposte tra di loro; in modo che non potete fare quello che vorreste" (Ga. 5:16,17); "Rivestitevi della completa armatura di Dio, affinché possiate star saldi contro le insidie del diavolo" (Ef. 6:11); "Ti affido questo incarico, Timoteo, figlio mio, in armonia con le profezie che sono state in precedenza fatte a tuo riguardo, perché tu combatta in virtù di esse la buona battaglia, conservando la fede e una buona coscienza; alla quale alcuni hanno rinunziato, e così, hanno fatto naufragio quanto alla fede" (1 Ti. 1:18,19).

[100] "Allora il re dirà a quelli della sua destra: "Venite, voi, i benedetti del Padre mio; ereditate il regno che v'è stato preparato

Tredicesima domenica

33 D. **Perché si chiama "Figlio unigenito di Dio"**, dal momento che anche noi siamo figli di Dio?

R. **Perché solo il Cristo è il Figlio eterno di Dio per natura[101], mentre noi siamo figli di Dio per adozione, a causa di Cristo[102], e per grazia.**

---

fin dalla fondazione del mondo" (Mt. 25:34); "se abbiamo costanza, con lui anche regneremo" (2 Ti. 2:12).

[101] "Nel principio era la Parola, la Parola era con Dio, e la Parola era Dio ... Ogni cosa è stata fatta per mezzo di lei; e senza di lei neppure una delle cose fatte è stata fatta. ...E la Parola è diventata carne e ha abitato per un tempo fra di noi, piena di grazia e di verità; e noi abbiamo contemplato la sua gloria, gloria come di unigenito dal Padre ...Nessuno ha mai visto Dio; l'unigenito Dio, che è nel seno del Padre, è quello che l'ha fatto conoscere" (Gv. 1:1,3,14,18). "Perché Dio ha tanto amato il mondo, che ha dato il suo unigenito Figlio, affinché chiunque crede in lui non perisca, ma abbia vita eterna" (Gv. 3:16). "Colui che non ha risparmiato il proprio Figlio, ma lo ha dato per noi tutti, non ci donerà forse anche tutte le cose con lui?" (Ro. 8:32). "Dio, dopo aver parlato anticamente molte volte e in molte maniere ai padri per mezzo dei profeti, in questi ultimi giorni ha parlato a noi per mezzo del Figlio, che egli ha costituito erede di tutte le cose, mediante il quale ha pure creato l'universo. Egli, che è splendore della sua gloria e impronta della sua essenza, e che sostiene tutte le cose con la parola della sua potenza, dopo aver fatto la purificazione dei peccati, si è seduto alla destra della Maestà nei luoghi altissimi. Così è diventato di tanto superiore agli angeli, di quanto il nome che ha ereditato è più eccellente del loro. Infatti, a quale degli angeli ha mai detto: «Tu sei mio Figlio, oggi io t'ho generato»? e anche: «Io gli sarò Padre ed egli mi sarà Figlio»? Di nuovo, quando introduce il primogenito nel mondo, dice: «Tutti gli angeli di Dio lo adorino!». E mentre degli angeli dice: «Dei suoi angeli egli fa dei venti, e dei suoi ministri fiamme di fuoco», parlando del Figlio dice: "Il tuo trono, o Dio, dura di secolo in secolo, e lo scettro del tuo regno è uno scettro di giustizia. Tu hai amato la giustizia e hai odiato l'iniquità; perciò Dio, il tuo Dio, ti ha unto con olio di letizia, a preferenza dei tuoi compagni». E ancora: «Tu, Signore, nel principio hai fondato la terra e i cieli sono opera delle tue mani. Essi periranno, ma tu rimani; invecchieranno tutti come un vestito, e come un mantello li avvolgerai e saranno cambiati; ma tu rimani

34. D. Per**ché Lo chiami *nostro Signore*?**

R. **Perché Egli ci ha riscattati, anima e corpo[103], da tutti i nostri peccati,** non con argento ed oro, ma con il Suo prezioso sangue[104], e ci ha liberati da ogni potere del diavolo per farci Sua proprietà[105].

---

lo stesso, e i tuoi anni non avranno mai fine». E a quale degli angeli disse mai: "Siedi alla mia destra finché abbia posto i tuoi nemici come sgabello dei tuoi piedi»? Essi non sono forse tutti spiriti al servizio di Dio, mandati a servire in favore di quelli che devono ereditare la salvezza?" (Eb. 1). "In questo si è manifestato per noi l'amore di Dio: che Dio ha mandato il suo unico Figlio nel mondo, affinché, per mezzo di lui, vivessimo" (1 Gv. 4:9).

[102] "...ma a tutti quelli che l'hanno ricevuto egli ha dato il diritto di diventar figli di Dio: a quelli, cioè, che credono nel suo nome" (Gv. 1:12); "infatti tutti quelli che sono guidati dallo Spirito di Dio, sono figli di Dio. E voi non avete ricevuto uno spirito di servitù per ricadere nella paura, ma avete ricevuto lo Spirito di adozione, mediante il quale gridiamo: «Abbà! Padre!». Lo Spirito stesso attesta insieme con il nostro spirito che siamo figli di Dio. Se siamo figli, siamo anche eredi; eredi di Dio e coeredi di Cristo, se veramente soffriamo con lui, per essere anche glorificati con lui" (Ro. 8:14-17); "E, perché siete figli, Dio ha mandato lo Spirito del Figlio suo nei nostri cuori, che grida: «Abbà, Padre»" (Ga. 4:6). "...avendoci predestinati nel suo amore a essere adottati per mezzo di Gesù Cristo come suoi figli, secondo il disegno benevolo della sua volontà, a lode della gloria della sua grazia, che ci ha concessa nel suo amato Figlio" (Ef. 1:5,6).

[103] "Poiché siete stati comprati a caro prezzo. Glorificate dunque Dio nel vostro corpo" (1 Co. 6:20); "Infatti c'è un solo Dio e anche un solo mediatore fra Dio e gli uomini, Cristo Gesù uomo, che ha dato sé stesso come prezzo di riscatto per tutti; questa è la testimonianza resa a suo tempo" (1 Ti. 2:5,6).

[104] « sapendo che non con cose corruttibili, con argento o con oro, siete stati riscattati dal vano modo di vivere tramandatovi dai vostri padri, ma con il prezioso sangue di Cristo, come quello di un agnello senza difetto né macchia » (1 Po. 1:18,19).

[105] "Dio ci ha liberati dal potere delle tenebre e ci ha trasportati nel regno del suo amato Figlio. In lui abbiamo la redenzione, il perdono dei peccati" (Cl. 1:13,14); "Poiché dunque i figli hanno in comune sangue e carne, egli pure vi ha similmente partecipato,

Quattordicesima domenica

35. D. **Che cosa significa "concepito di Spirito Santo" e "nato dalla vergine Maria"?**

R. Che **il Figlio eterno di Dio**, che è il vero ed eterno Iddio[106] e tale resta, **ha assunto la vera natura umana** dalla carne e dal sangue della vergine

---

per distruggere, con la sua morte, colui che aveva il potere sulla morte, cioè il diavolo, e liberare tutti quelli che dal timore della morte erano tenuti schiavi per tutta la loro vita" (Eb. 2:14,15).

[106] "Nel principio era la Parola, la Parola era con Dio, e la Parola era Dio" (Gv. 1:1). "Gesù disse loro: «Vi ho mostrato molte buone opere da parte del Padre mio; per quale di queste opere mi lapidate?». I Giudei gli risposero: «Non ti lapidiamo per una buona opera, ma per bestemmia; e perché tu, che sei uomo, ti fai Dio». Gesù rispose loro: «Non sta scritto nella vostra legge: "Io ho detto: voi siete dèi?". Se chiama dèi coloro ai quali la parola di Dio è stata diretta (e la Scrittura non può essere annullata), come mai a colui che il Padre ha santificato e mandato nel mondo, voi dite che bestemmia, perché ho detto: "Sono Figlio di Dio?" (Gv. 10:30-36); "riguardo al Figlio suo, nato dalla stirpe di Davide secondo la carne" (Ro. 1:3); "ai quali appartengono i padri e dai quali proviene, secondo la carne, il Cristo, che è sopra tutte le cose Dio benedetto in eterno. Amen!" (Ro. 9:5); "Egli è l'immagine del Dio invisibile, il primogenito di ogni creatura; poiché in lui sono state create tutte le cose che sono nei cieli e sulla terra, le visibili e le invisibili: troni, signorie, principati, potenze; tutte le cose sono state create per mezzo di lui e in vista di lui. Egli è prima di ogni cosa e tutte le cose sussistono in lui" (Cl. 1:15-17). "Sappiamo pure che il Figlio di Dio è venuto e ci ha dato intelligenza per conoscere colui che è il Vero; e noi siamo in colui che è il Vero, cioè, nel suo Figlio Gesù Cristo. Egli è il vero Dio e la vita eterna" (1 Gv. 5:20).

Maria[107], per opera dello Spirito Santo[108], per essere anche la vera discendenza di Davide[109], **simile in tutto ai suoi fratelli [110]eccetto che per il peccato[111]**.

---

[107] "La nascita di Gesù Cristo avvenne in questo modo. Maria, sua madre, era stata promessa sposa a Giuseppe e, prima che fossero venuti a stare insieme, si trovò incinta per opera dello Spirito Santo. Giuseppe, suo marito, che era uomo giusto e non voleva esporla a infamia, si propose di lasciarla segretamente. Ma mentre aveva queste cose nell'animo, un angelo del Signore gli apparve in sogno, dicendo: «Giuseppe, figlio di Davide, non temere di prendere con te Maria, tua moglie; perché ciò che in lei è generato, viene dallo Spirito Santo. Ella partorirà un figlio, e tu gli porrai nome Gesù, perché è lui che salverà il suo popolo dai loro peccati». Tutto ciò avvenne, affinché si adempisse quello che era stato detto dal Signore per mezzo del profeta: «La vergine sarà incinta e partorirà un figlio, al quale sarà posto nome Emmanuele», che tradotto vuol dire: «Dio con noi»" (Mt. 1:18-23). "E la Parola è diventata carne e ha abitato per un tempo fra di noi, piena di grazia e di verità; e noi abbiamo contemplato la sua gloria, gloria come di unigenito dal Padre" (Gv. 1:14); ma quando giunse la pienezza del tempo, Dio mandò suo Figlio, nato da donna, nato sotto la legge" (Ga. 4:4); "Poiché dunque i figli hanno in comune sangue e carne, egli pure vi ha similmente partecipato, per distruggere, con la sua morte, colui che aveva il potere sulla morte, cioè il diavolo" (Eb. 2:14).

[108] « L'angelo le rispose: «Lo Spirito Santo verrà su di te e la potenza dell'Altissimo ti coprirà dell'ombra sua; perciò, anche colui che nascerà sarà chiamato Santo, Figlio di Dio » (Lu. 1:35).

[109] "Quando i tuoi giorni saranno compiuti e tu riposerai con i tuoi padri, io innalzerò al trono dopo di te la tua discendenza, il figlio che sarà uscito da te, e stabilirò saldamente il suo regno. Egli costruirà una casa al mio nome e io renderò stabile per sempre il trono del suo regno. Io sarò per lui un padre ed egli mi sarà figlio; e, se fa del male, lo castigherò con vergate da uomini e con colpi da figli di uomini, ma la mia grazia non si ritirerà da lui, come si è ritirata da Saul, che io ho rimosso davanti a te. La tua casa e il tuo regno saranno saldi per sempre davanti a te e il tuo trono sarà reso stabile per sempre" (2 Sa. 7:12-16); "Il SIGNORE ha fatto a

36. D. **Quale profitto ottieni dalla santa concezione e dalla nascita di Cristo?**

R. Che Egli è il nostro Mediatore[112] e che con la Sua innocenza e perfetta santità, copre davanti al volto di Dio il mio peccato, nel quale io sono stato concepito[113].

Davide questo giuramento di verità, non lo revocherà: «Io metterò sul tuo trono un tuo discendente" (Sl. 132:11); "Genealogia di Gesù Cristo, figlio di Davide, figlio di Abraamo" (Mt. 1:1); "Questi sarà grande e sarà chiamato Figlio dell'Altissimo, e il Signore Dio gli darà il trono di Davide, suo padre" (Lu. 1:32); "riguardo al Figlio suo, nato dalla stirpe di Davide secondo la carne" (Ro. 1:3).

[110] "ma spogliò sé stesso, prendendo forma di servo, divenendo simile agli uomini" (Fl. 2:7); "perciò, egli doveva diventare simile ai suoi fratelli in ogni cosa, per essere un misericordioso e fedele sommo sacerdote nelle cose che riguardano Dio, per compiere l'espiazione dei peccati del popolo" (Eb. 2:17).

[111] "Infatti non abbiamo un sommo sacerdote che non possa simpatizzare con noi nelle nostre debolezze, poiché egli è stato tentato come noi in ogni cosa, senza commettere peccato" (Eb. 4:15). "Infatti a noi era necessario un sommo sacerdote come quello, santo, innocente, immacolato, separato dai peccatori ed elevato al di sopra dei cieli; il quale non ha ogni giorno bisogno di offrire sacrifici, come gli altri sommi sacerdoti, prima per i propri peccati e poi per quelli del popolo; poiché egli ha fatto questo una volta per sempre quando ha offerto sé stesso" (Eb. 7:26,27).

[112] "Infatti c'è un solo Dio e anche un solo mediatore fra Dio e gli uomini, Cristo Gesù uomo che ha dato sé stesso come prezzo di riscatto per tutti; questa è la testimonianza resa a suo tempo" (1 Ti. 2:5,6). "Infatti, se il sangue di capri, di tori e la cenere di una giovenca sparsa su quelli che sono contaminati, li santificano, in modo da procurar la purezza della carne, quanto più il sangue di Cristo, che mediante lo Spirito eterno offrì sé stesso puro di ogni colpa a Dio, purificherà la nostra coscienza dalle opere morte per servire il Dio vivente! Per questo egli è mediatore di un nuovo patto. La sua morte è avvenuta per redimere dalle trasgressioni commesse sotto il primo patto, affinché i chiamati ricevano l'eterna eredità promessa" (Eb. 9:13-15).

[113] "Infatti, ciò che era impossibile alla legge, perché la carne la rendeva impotente, Dio lo ha fatto; mandando il proprio Figlio in carne simile a carne di peccato e, a motivo del peccato, ha

Quindicesima domenica

D. 37: **Che cosa comprendi con l'espressione "Egli *ha sofferto*"?**

R. **Che durante tutto il tempo della Sua vita terrena, ma soprattutto alla fine di essa, Egli ha portato nel Suo corpo e nella Sua anima l'ira di Dio contro il peccato dell'intero genere umano[114]**, per liberare attraverso la Sua sofferenza, unico sacrificio di espiazione[115], il nostro corpo e la

---

condannato il peccato nella carne, affinché il comandamento della legge fosse adempiuto in noi, che camminiamo non secondo la carne, ma secondo lo Spirito" (Ro. 9:3,4); Colui che non ha conosciuto peccato, egli lo ha fatto diventare peccato per noi, affinché noi diventassimo giustizia di Dio in lui" (2 Co. 5:21); "ma quando giunse la pienezza del tempo, Dio mandò suo Figlio, nato da donna, nato sotto la legge, per riscattare quelli che erano sotto la legge, affinché noi ricevessimo l'adozione" (Ga. 4:4,5); "sapendo che non con cose corruttibili, con argento o con oro, siete stati riscattati dal vano modo di vivere tramandatovi dai vostri padri, ma con il prezioso sangue di Cristo, come quello di un agnello senza difetto né macchia" (1 Pi. 1:18,19).

[114] Leggere Isaia 53. Inoltre: "Ha dato sé stesso come prezzo di riscatto per tutti; questa è la testimonianza resa a suo tempo" (1 Ti. 2:6); "egli ha portato i nostri peccati nel suo corpo, sul legno della croce, affinché, morti al peccato, vivessimo per la giustizia, e mediante le sue lividure siete stati sanati" (1 Pi. 2:24); "Anche Cristo ha sofferto una volta per i peccati, lui giusto per gli ingiusti, per condurci a Dio. Fu messo a morte quanto alla carne, ma reso vivente quanto allo spirito" (1 Pi. 3:18).

[115] "Dio lo ha prestabilito come sacrificio propiziatorio mediante la fede nel suo sangue, per dimostrare la sua giustizia, avendo usato tolleranza verso i peccati commessi in passato" (Ro. 3:25); "Purificatevi del vecchio lievito, per essere una nuova pasta, come già siete senza lievito. Poiché anche la nostra Pasqua, cioè Cristo, è stata immolata" (1 Co. 5:7); "e camminate nell'amore come anche Cristo vi ha amati e ha dato sé stesso per noi in offerta e sacrificio a Dio quale profumo di odore soave" (Ef. 5:2); "Infatti con un'unica offerta egli ha reso perfetti per sempre quelli che sono santificati" (Eb. 10:14); "Egli è il sacrificio propiziatorio per i nostri peccati, e non soltanto per i nostri, ma anche per quelli di tutto il mondo" (1 Gv. 2:2); "In questo è l'amore: non che noi abbiamo amato Dio, ma che egli ha amato noi, e ha mandato suo Figlio per

nostra anima dalla dannazione eterna[116] e per procurarci la grazia di Dio, la giustizia e la vita eterna[117].

---

essere il sacrificio propiziatorio per i nostri peccati" (1 Gv. 4:10).

[116] "Non c'è dunque più nessuna condanna per quelli che sono in Cristo Gesù, perché la legge dello Spirito della vita in Cristo Gesù mi ha liberato dalla legge del peccato e della morte. Infatti, ciò che era impossibile alla legge, perché la carne la rendeva impotente, Dio lo ha fatto; mandando il proprio Figlio in carne simile a carne di peccato e, a motivo del peccato, ha condannato il peccato nella carne, affinché il comandamento della legge fosse adempiuto in noi, che camminiamo non secondo la carne, ma secondo lo Spirito" (Ro. 8:1-4); "Cristo ci ha riscattati dalla maledizione della legge, essendo divenuto maledizione per noi (poiché sta scritto: «Maledetto chiunque è appeso al legno»)" (Ga. 3:13); "Dio ci ha liberati dal potere delle tenebre e ci ha trasportati nel regno del suo amato Figlio" (Cl. 1:13); "...è entrato una volta per sempre nel luogo santissimo, non con sangue di capri e di vitelli, ma con il proprio sangue. Così ci ha acquistato una redenzione eterna" (Eb. 9:12); "...sapendo che non con cose corruttibili, con argento o con oro, siete stati riscattati dal vano modo di vivere tramandatovi dai vostri padri, ma con il prezioso sangue di Cristo, come quello di un agnello senza difetto né macchia" (1 Pi. 1:18,19).

[117] "Perché Dio ha tanto amato il mondo, che ha dato il suo unigenito Figlio, affinché chiunque crede in lui non perisca, ma abbia vita eterna" (Gv. 3:16); "Poiché siamo stati salvati in speranza. Or la speranza di ciò che si vede, non è speranza; difatti, quello che uno vede, perché lo spererebbe ancora? Ma se speriamo ciò che non vediamo, l'aspettiamo con pazienza. Allo stesso modo ancora, lo Spirito viene in aiuto alla nostra debolezza, perché non sappiamo pregare come si conviene; ma lo Spirito intercede per noi con sospiri ineffabili" (Ro. 8:24-26); "Colui che non ha conosciuto peccato, egli lo ha fatto diventare peccato per noi, affinché noi diventassimo giustizia di Dio in lui" (2 Co. 5:21); "Per questo egli è mediatore di un nuovo patto. La sua morte è avvenuta per redimere dalle trasgressioni commesse sotto il primo patto, affinché i chiamati ricevano l'eterna eredità promessa" (Eb. 9:15).

D. 38: **Perché ha sofferto sotto Ponzio Pilato, Suo giudice**?

R. Affinché Lui, innocente, fosse condannato da un giudice terreno[118] e **ci liberasse così dal severo giudizio di Dio** che doveva venire su di noi[119].

D. 39: **Vi è forse qualcosa di più nel fatto di essere stato crocifisso che non se fosse morto in altro modo?**

R. **Si**, perché così io sono certo che **Egli ha preso su di Sé la maledizione che gravava su di me**. Infatti la morte in croce era maledetta da Dio[120].

---

[118] Leggere Lu. 23 :13-24. Inoltre : « Pilato uscì di nuovo, e disse loro: «Ecco, ve lo conduco fuori, affinché sappiate che non trovo in lui nessuna colpa». ...Da quel momento Pilato cercava di liberarlo; ma i Giudei gridavano, dicendo: «Se liberi costui, non sei amico di Cesare. Chiunque si fa re, si oppone a Cesare». Pilato dunque, udite queste parole, condusse fuori Gesù, e si mise a sedere in tribunale nel luogo detto Lastrico, e in ebraico Gabbatà. Era la preparazione della Pasqua, ed era l'ora sesta. Egli disse ai Giudei: «Ecco il vostro re!». Allora essi gridarono: «Toglilo, toglilo di mezzo, crocifiggilo!» Pilato disse loro: «Crocifiggerò il vostro re?» I capi dei sacerdoti risposero: «Noi non abbiamo altro re che Cesare». Allora lo consegnò loro perché fosse crocifisso" (Gv. 19:4,12-16).

[119] "Tuttavia erano le nostre malattie che egli portava, erano i nostri dolori quelli di cui si era caricato; ma noi lo ritenevamo colpito, percosso da Dio e umiliato!" Egli è stato trafitto a causa delle nostre trasgressioni, stroncato a causa delle nostre iniquità; il castigo, per cui abbiamo pace, è caduto su di lui e grazie alle sue ferite noi siamo stati guariti" (Is. 53:5); "Colui che non ha conosciuto peccato, egli lo ha fatto diventare peccato per noi, affinché noi diventassimo giustizia di Dio in lui" (2 Co. 5:21); "Cristo ci ha riscattati dalla maledizione della legge, essendo divenuto maledizione per noi (poiché sta scritto: «Maledetto chiunque è appeso al legno»)" (Ga. 3:13).

[120] "Il suo cadavere non rimarrà tutta la notte sull'albero, ma lo seppellirai senza indugio lo stesso giorno, perché il cadavere appeso è maledetto da Dio, e tu non contaminerai la terra che il SIGNORE, il tuo Dio, ti dà come eredità" (De. 21:23); "Cristo ci ha riscattati dalla maledizione della legge, essendo divenuto maledizione per noi (poiché sta scritto: «Maledetto chiunque è

Sedicesima domenica

D. 40: **Era necessario che Cristo si umiliasse fino alla morte?**

R. **Si, perché,** a causa della giustizia e della verità di Dio[121], **non era possibile pagare per i nostri peccati in altro modo** se non mediante la morte del Figlio di Dio[122].

D. 41: **Perché Egli fu sepolto?**

R. **Per mostrare in questo modo che era veramente morto[123].**

---

appeso al legno»)" (Ga. 3:13).

[121] *« dell'albero della conoscenza del bene e del male non ne mangiare; perché nel giorno che tu ne mangerai, certamente morirai »* (Ge. 2:7).

[122] "*Infatti, ciò che era impossibile alla legge, perché la carne la rendeva impotente, Dio lo ha fatto; mandando il proprio Figlio in carne simile a carne di peccato e, a motivo del peccato, ha condannato il peccato nella carne*" (Ro. 8:3); "*vediamo colui che è stato fatto di poco inferiore agli angeli, cioè Gesù, coronato di gloria e di onore a motivo della morte che ha sofferto, affinché, per la grazia di Dio, gustasse la morte per tutti. ... Poiché dunque i figli hanno in comune sangue e carne, egli pure vi ha similmente partecipato, per distruggere, con la sua morte, colui che aveva il potere sulla morte, cioè il diavolo, ...e liberare tutti quelli che dal timore della morte erano tenuti schiavi per tutta la loro vita*" (Eb. 2:9,14,15).

[123] "*Gli avevano assegnato la sepoltura fra gli empi, ma nella sua morte, egli è stato con il ricco, perché non aveva commesso violenze né c'era stato inganno nella sua bocca*" (Is. 53:9); "*Dopo queste cose, Giuseppe d'Arimatea, che era discepolo di Gesù, ma in segreto per timore dei Giudei, chiese a Pilato di poter prendere il corpo di Gesù, e Pilato glielo permise. Egli dunque venne e prese il corpo di Gesù. Nicodemo, che in precedenza era andato da Gesù di notte, venne anch'egli, portando una mistura di mirra e d'aloe di circa cento libbre. Essi dunque presero il corpo di Gesù e lo avvolsero in fasce con gli aromi, secondo il modo di seppellire in uso presso i Giudei. Nel luogo dov'egli era stato crocefisso c'era un giardino, e in quel giardino un sepolcro nuovo, dove nessuno era ancora stato deposto. Là dunque deposero Gesù, a motivo della Preparazione dei Giudei, perché il sepolcro era vicino. Dopo aver*

D. 42: Dato che Cristo è morto per noi, **perché dobbiamo ancora morire?**

R. **La nostra morte** non è un pagamento per i nostri peccati, essa **pone termine al peccato ed è un ingresso nella vita eterna**[124].

D. 43: **Quale profitto ricaviamo ancora dal sacrificio e dalla morte di Cristo in croce?**

R. **Che per la sua potenza la nostra vecchia natura è messa a morte e sepolta con Lui**[125],

---

compiuto tutte le cose che erano scritte di lui, lo trassero giù dal legno, e lo deposero in un sepolcro" (Gv. 19:38-42*)*; "*Poiché vi ho prima di tutto trasmesso, come l'ho ricevuto anch'io, che Cristo morì per i nostri peccati, secondo le Scritture; che fu seppellito; che è stato risuscitato il terzo giorno, secondo le Scritture*" (1 Co. 15:3,4).

[124] "*In verità, in verità vi dico: chi ascolta la mia parola e crede a colui che mi ha mandato, ha vita eterna; e non viene in giudizio, ma è passato dalla morte alla vita*" (Gv. 5:24); "*Infatti per me il vivere è Cristo e il morire guadagno. Ma se il vivere nella carne porta frutto all'opera mia, non saprei che cosa preferire. Sono stretto da due lati: da una parte ho il desiderio di partire e di essere con Cristo, perché è molto meglio*" (Fl. 1:21-23); "*Dio infatti non ci ha destinati a ira, ma ad ottenere salvezza per mezzo del nostro Signore Gesù Cristo, il quale è morto per noi affinché, sia che vegliamo sia che dormiamo, viviamo insieme con lui*" (1 Ts. 5:9,10).

[125] "*Perché se siamo stati totalmente uniti a lui in una morte simile alla sua, lo saremo anche in una risurrezione simile alla sua. Sappiamo infatti che il nostro vecchio uomo è stato crocifisso con lui affinché il corpo del peccato fosse annullato e noi non serviamo più al peccato; infatti colui che è morto, è libero dal peccato. Ora, se siamo morti con Cristo, crediamo pure che vivremo con lui, sapendo che Cristo, risuscitato dai morti, non muore più; la morte non ha più potere su di lui. Poiché il suo morire fu un morire al peccato, una volta per sempre; ma il suo vivere è un vivere a Dio. Così anche voi fate conto di essere morti al peccato, ma viventi a Dio, in Cristo Gesù*" (Ro. 6:5-11); "*in lui siete anche stati circoncisi di una circoncisione non fatta da mano d'uomo, ma della circoncisione di Cristo, che consiste nello spogliamento del corpo della carne: siete stati con lui sepolti nel battesimo, nel quale siete anche stati risuscitati con lui mediante la fede nella potenza di Dio che lo ha risuscitato dai morti*" (Cl. 2:11,12).

perché i cattivi desideri della carne non regnino più in noi[126], ma offriamo noi stessi a Lui in sacrificio di ringraziamento[127].

D. 44: **Perché si aggiunge "è disceso agli inferi"?**

R. **Perché** nei miei momenti di maggior tentazione **io sia certo che** il mio Signore, attraverso la Sua indicibile angoscia, i dolori[128] ed i terrori che ha patito anche nella Sua anima sulla croce, e già prima, **mi ha**

---

[126] *"Non regni dunque il peccato nel vostro corpo mortale per ubbidire alle sue concupiscenze; e non prestate le vostre membra al peccato, come strumenti d'iniquità; ma presentate voi stessi a Dio, come di morti fatti viventi, e le vostre membra come strumenti di giustizia a Dio; infatti il peccato non avrà più potere su di voi; perché non siete sotto la legge ma sotto la grazia"* (Ro. 6:12-14).

[127] "*Vi esorto dunque, fratelli, per la misericordia di Dio, a presentare i vostri corpi in sacrificio vivente, santo, gradito a Dio; questo è il vostro culto spirituale*" (Ro. 12:1); "*Siate dunque imitatori di Dio, perché siete figli da lui amati; e camminate nell'amore come anche Cristo vi ha amati e ha dato sé stesso per noi in offerta e sacrificio a Dio quale profumo di odore soave*" (Ef. 5:2).

[128] "*I legami del soggiorno dei morti mi avevano attorniato, i lacci della morte m'avevano sorpreso. Nella mia angoscia invocai il SIGNORE, gridai al mio Dio. Egli udì la mia voce dal suo tempio, il mio grido giunse a lui, ai suoi orecchi*" (Sl. 18:5,6); "*I legami della morte mi avevano circondato, le angosce del soggiorno dei morti mi avevano colto; mi aveva raggiunto la disgrazia e il dolore*" (Sl. 116:3). Leggere: Matteo 26:36-46; "*Dall'ora sesta si fecero tenebre su tutto il paese, fino all'ora nona. E, verso l'ora nona, Gesù gridò a gran voce: «Elì, Elì, lamà sabactàni?» cioè: «Dio mio, Dio mio, perché mi hai abbandonato?»*" (Mt. 27:45,46); "*Nei giorni della sua carne, con alte grida e con lacrime egli offrì preghiere e suppliche a colui che poteva salvarlo dalla morte ed è stato esaudito per la sua pietà. Benché fosse Figlio, imparò l'ubbidienza dalle cose che soffrì; e, reso perfetto, divenne per tutti quelli che gli ubbidiscono, autore di salvezza eterna, essendo da Dio proclamato sommo sacerdote secondo l'ordine di Melchisedec*" (Eb. 5:7-10).

liberato dalle paure e dalle sofferenze infernali[129].

Diciassettesima domenica

D. 45: **Quale beneficio otteniamo dalla risurrezione di Cristo?**

R. (1) **In primo luogo, con la Sua risurrezione Egli ha vinto la morte**[130] per renderci partecipi della giustizia che ci ha acquistato mediante la Sua morte . (2) **In secondo luogo, anche noi siamo stati fatti rinascere dalla Sua potenza a nuova vita**[131]. (3) **In terzo luogo, la**

---

[129] Leggere Is. 53. Vedi D/R 37.

[130]"*il quale è stato dato a causa delle nostre offese ed è stato risuscitato per la nostra giustificazione*" (Ro. 4:25). "*Difatti, se i morti non risuscitano, neppure Cristo è stato risuscitato; e se Cristo non è stato risuscitato, vana è la vostra fede; voi siete ancora nei vostri peccati. Anche quelli che sono morti in Cristo, sono dunque periti. Se abbiamo sperato in Cristo per questa vita soltanto, noi siamo i più miseri fra tutti gli uomini. Ma ora Cristo è stato risuscitato dai morti, primizia di quelli che sono morti*" (1 Co. 15:16-20). " *Benedetto sia il Dio e Padre del nostro Signore Gesù Cristo, che nella sua grande misericordia ci ha fatti rinascere a una speranza viva mediante la risurrezione di Gesù Cristo dai morti, per una eredità incorruttibile, senza macchia e inalterabile. Essa è conservata in cielo per voi, che dalla potenza di Dio siete custoditi mediante la fede, per la salvezza che sta per essere rivelata negli ultimi tempi*" (1 Pi. 1:3-5).

[131]"*Perché se siamo stati totalmente uniti a lui in una morte simile alla sua, lo saremo anche in una risurrezione simile alla sua. Sappiamo infatti che il nostro vecchio uomo è stato crocifisso con lui affinché il corpo del peccato fosse annullato e noi non serviamo più al peccato; infatti colui che è morto, è libero dal peccato. Ora, se siamo morti con Cristo, crediamo pure che vivremo con lui, sapendo che Cristo, risuscitato dai morti, non muore più; la morte non ha più potere su di lui. Poiché il suo morire fu un morire al peccato, una volta per sempre; ma il suo vivere è un vivere a Dio. Così anche voi fate conto di essere morti al peccato, ma viventi a Dio, in Cristo Gesù*" (Ro. 6:5-11). "*Ma Dio, che è ricco in misericordia, per il grande amore con cui ci ha amati, anche quando eravamo morti nei peccati, ci ha vivificati con Cristo (è per grazia che siete stati salvati), e ci ha risuscitati con lui e con lui ci ha fatti sedere nel cielo in Cristo Gesù*" (Ef. 2:4-6). "*Se dunque*

risurrezione di Cristo è per noi pegno sicuro della nostra gloriosa risurrezione[132].

Diciottesima domenica

46. D. **Che cosa confessi quando dici: "*E' salito al cielo*"?**

R. **Che Cristo è stato elevato,** sotto gli occhi dei Suoi discepoli, **dalla terra al cielo**[133]**, e che Egli vi è**

---

siete stati risuscitati con Cristo, cercate le cose di lassù dove Cristo è seduto alla destra di Dio. Aspirate alle cose di lassù, non a quelle che sono sulla terra; poiché voi moriste e la vostra vita è nascosta con Cristo in Dio. Quando Cristo, la vita nostra, sarà manifestato, allora anche voi sarete con lui manifestati in gloria" (Cl. 3:1-4).

[132]"*Se lo Spirito di colui che ha risuscitato Gesù dai morti abita in voi, colui che ha risuscitato Cristo Gesù dai morti vivificherà anche i vostri corpi mortali per mezzo del suo Spirito che abita in voi*" (Ro. 8:11). "*Ora se si predica che Cristo è stato risuscitato dai morti, come mai alcuni tra voi dicono che non c'è risurrezione dei morti? Ma se non vi è risurrezione dei morti, neppure Cristo è stato risuscitato; e se Cristo non è stato risuscitato, vana dunque è la nostra predicazione e vana pure è la vostra fede. Noi siamo anche trovati falsi testimoni di Dio, poiché abbiamo testimoniato di Dio, che egli ha risuscitato il Cristo; il quale egli non ha risuscitato, se è vero che i morti non risuscitano. Difatti, se i morti non risuscitano, neppure Cristo è stato risuscitato; e se Cristo non è stato risuscitato, vana è la vostra fede; voi siete ancora nei vostri peccati. Anche quelli che sono morti in Cristo, sono dunque periti. Se abbiamo sperato in Cristo per questa vita soltanto, noi siamo i più miseri fra tutti gli uomini. Ma ora Cristo è stato risuscitato dai morti, primizia di quelli che sono morti. Infatti, poiché per mezzo di un uomo è venuta la morte, così anche per mezzo di un uomo è venuta la risurrezione dei morti. Poiché, come tutti muoiono in Adamo, così anche in Cristo saranno tutti vivificati; ma ciascuno al suo turno: Cristo, la primizia; poi quelli che sono di Cristo, alla sua venuta*" (1 Co. 15:12-23). "*Quanto a noi, la nostra cittadinanza è nei cieli, da dove aspettiamo anche il Salvatore, Gesù Cristo, il Signore, che trasformerà il corpo della nostra umiliazione rendendolo conforme al corpo della sua gloria, mediante il potere che egli ha di sottomettere a sé ogni cosa* " (Fl. 3:20,21).

[133] "*Il Signore Gesù dunque, dopo aver loro parlato, fu elevato in cielo e sedette alla destra di Dio*" (Mr. 16:19); "*Poi li condusse fuori*

per il nostro bene[134], fino a quando verrà a giudicare i vivi e i morti[135].

47. D. **Cristo non è quindi con noi, fino alla fine del mondo**, così come Egli ci ha promesso?[136]

R. Cristo è vero uomo e vero Dio. **Secondo la Sua natura umana, Egli attualmente non è sulla terra**[137]**, ma secondo la Sua divinità,** la Sua

---

fin presso Betania; e, alzate in alto le mani, li benedisse. Mentre li benediceva, si staccò da loro e fu portato su nel cielo" (Lu. 24:50,51); "*Dette queste cose, mentre essi guardavano, fu elevato; e una nuvola, accogliendolo, lo sottrasse ai loro sguardi. E come essi avevano gli occhi fissi al cielo, mentre egli se ne andava, due uomini in vesti bianche si presentarono a loro e dissero:«Uomini di Galilea, perché state a guardare verso il cielo? Questo Gesù, che vi è stato tolto, ed è stato elevato in cielo, ritornerà nella medesima maniera in cui lo avete visto andare in cielo»*" (At. 1:9-11).

134 "*Chi li condannerà? Cristo Gesù è colui che è morto e, ancor più, è risuscitato, è alla destra di Dio e anche intercede per noi*" (Ro. 8:34); "*Avendo dunque un grande sommo sacerdote che è passato attraverso i cieli, Gesù, il Figlio di Dio, stiamo fermi nella fede che professiamo ... Inoltre, quelli sono stati fatti sacerdoti in gran numero, perché la morte impediva loro di durare, egli invece, poiché rimane in eterno, ha un sacerdozio che non si trasmette. Perciò egli può salvare perfettamente quelli che per mezzo di lui si avvicinano a Dio, dal momento che vive sempre per intercedere per loro ... Infatti Cristo non è entrato in un luogo santissimo fatto da mano d'uomo, figura del vero; ma nel cielo stesso, per comparire ora alla presenza di Dio per noi*" (Eb. 4:14; 7:23-25; 9:24).

135 "*Allora apparirà nel cielo il segno del Figlio dell'uomo; e allora tutte le tribù della terra faranno cordoglio e vedranno il Figlio dell'uomo venire sulle nuvole del cielo con gran potenza e gloria*" (Mt. 24:30); "*Uomini di Galilea, perché state a guardare verso il cielo? Questo Gesù, che vi è stato tolto, ed è stato elevato in cielo, ritornerà nella medesima maniera in cui lo avete visto andare in cielo*" (At. 1:11).

136 "*insegnando loro a osservare tutte quante le cose che vi ho comandato. Ed ecco, io sono con voi tutti i giorni, sino alla fine dell'età presente*" (Mt. 28:20).

137 "*Perché i poveri li avete sempre con voi, ma me non mi avete sempre*" (Mt. 26:11); "*Sono proceduto dal Padre e sono venuto nel*

maestà, la Sua grazia, il Suo Spirito, **non si allontana mai da noi** (non è mai assente da noi)[138]**.**

48. D. In questo modo, però, non si separano forse le due nature in Cristo, se la Sua umanità non è in ogni luogo, mentre la Sua divinità lo è?

R. Nient'affatto, perché, essendo la Sua divinità infinita (non avendo limiti)[139] e onnipresente, ne consegue necessariamente che essa è al di fuori

---

mondo; ora lascio il mondo, e vado al Padre ... Io non sono più nel mondo, ma essi sono nel mondo, e io vengo a te. Padre santo, conservali nel tuo nome, quelli che tu mi hai dati, affinché siano uno, come noi" (Gv. 16:28; 17:11); "*Ravvedetevi dunque e convertitevi, perché i vostri peccati siano cancellati e affinché vengano dalla presenza del Signore dei tempi di ristoro e che egli mandi il Cristo che vi è stato predestinato, cioè Gesù, che il cielo deve tenere accolto fino ai tempi della restaurazione di tutte le cose; di cui Dio ha parlato fin dall'antichità per bocca dei suoi santi profeti*" (At. 3:19-21); "*Ora, se fosse sulla terra, egli non sarebbe neppure sacerdote, poiché vi sono coloro che offrono i doni secondo la legge*" (Eb. 8:4).

[138] "*E Gesù, avvicinatosi, parlò loro, dicendo: «Ogni potere mi è stato dato in cielo e sulla terra. Andate dunque e fate miei discepoli tutti i popoli battezzandoli nel nome del Padre, del Figlio e dello Spirito Santo, insegnando loro a osservare tutte quante le cose che vi ho comandato. Ed ecco, io sono con voi tutti i giorni, sino alla fine dell'età presente»*" (Mt. 28:18-20); "*...e io pregherò il Padre, ed Egli vi darà un altro consolatore, perché stia con voi per sempre, lo Spirito della verità, che il mondo non può ricevere perché non lo vede e non lo conosce. Voi lo conoscete, perché dimora con voi, e sarà in voi. Non vi lascerò orfani; tornerò da voi. Ancora un po', e il mondo non mi vedrà più; ma voi mi vedrete, perché io vivo e voi vivrete ... quando però sarà venuto lui, lo Spirito della verità, egli vi guiderà in tutta la verità, perché non parlerà di suo, ma dirà tutto quello che avrà udito, e vi annuncerà le cose a venire*" (Gv. 14:16-19; 16:13).

[139] *"Sono io soltanto un Dio da vicino», dice il SIGNORE, e non un Dio da lontano? Potrebbe uno nascondersi in luogo occulto in modo che io non lo veda?» dice il SIGNORE. Io non riempio forse il cielo e la terra?» dice il SIGNORE"* (Gr. 23:23,24); *"L'Altissimo però non abita in edifici fatti da mano d'uomo, come dice il profeta: "Il cielo è il mio trono, e la terra lo sgabello dei miei piedi. Quale casa mi costruirete, dice il Signore, o quale sarà il luogo del mio riposo?"* (At. 7:48,49).

dell'umanità che ha assunto, e tuttavia essa è anche in quest'ultima e le rimane personalmente unita[140].

49 D. **In che modo ci è di beneficio l'ascensione di Cristo in cielo?**

R. **In primo luogo, nel fatto che Egli è il nostro intercessore** (avvocato) **in cielo**[141] davanti al Padre Suo; **in secondo luogo, nel fatto che noi abbiamo la nostra carne in cielo come sicuro pegno che Egli,** il capo**, innalzerà a Sé anche noi**[142] che siamo le Sue membra**; in terzo luogo, nel fatto che Egli ci invia a sua volta, come pegno**[143]**, il Suo Spirito, per il cui potere noi cerchiamo ciò che è**

---

[140] *"E la Parola è diventata carne e ha abitato per un tempo fra di noi, piena di grazia e di verità; e noi abbiamo contemplato la sua gloria, gloria come di unigenito dal Padre"* (Gv. 1:14); *"Nessuno è salito in cielo, se non colui che è disceso dal cielo: il Figlio dell'uomo [che è nel cielo]"* (Gv. 3:13); *"perché in lui abita corporalmente tutta la pienezza della Deità"* (Cl. 2:9).

[141] *"Chi li condannerà? Cristo Gesù è colui che è morto e, ancor più, è risuscitato, è alla destra di Dio e anche intercede per noi"* (Ro. 8:34); *"Figlioli miei, vi scrivo queste cose perché non pecchiate; e se qualcuno ha peccato, noi abbiamo un avvocato presso il Padre: Gesù Cristo, il giusto"* (1 Gv. 2:1).

[142] "*Nella casa del Padre mio ci sono molte dimore; se no, vi avrei detto forse che io vado a prepararvi un luogo?*" (Gv. 14:2); "*Padre, io voglio che dove sono io, siano con me anche quelli che tu mi hai dati, affinché vedano la mia gloria che tu mi hai data; poiché mi hai amato prima della fondazione del mondo*" (Gv. 17:24); "*Ma Dio, che è ricco in misericordia, per il grande amore con cui ci ha amati, anche quando eravamo morti nei peccati, ci ha vivificati con Cristo (è per grazia che siete stati salvati), e ci ha risuscitati con lui e con lui ci ha fatti sedere nel cielo in Cristo Gesù*" (Ef. 2:4-6).

[143] "*Io pregherò il Padre, ed Egli vi darà un altro consolatore, perché stia con voi per sempre" (Gv. 14:6)*; "*Egli dunque, essendo stato esaltato dalla destra di Dio e avendo ricevuto dal Padre lo Spirito Santo promesso, ha sparso quello che ora vedete e udite*" (At. 2:33); "*Or colui che con voi ci fortifica in Cristo e che ci ha unti, è Dio; egli ci ha pure segnati con il proprio sigillo e ha messo la caparra dello Spirito nei nostri cuori*" (2 Co. 1:21,22); "*Or colui che ci ha formati per questo è Dio, il quale ci ha dato la caparra dello Spirito*" (2 Co. 5:5).

lassù, dove il Cristo è seduto alla destra di Dio e non ciò che è sulla terra[144].

Diciannovesima domenica

50. D. **Perché si aggiunge che *"è seduto alla destra di Dio"*?**

R. Perché **Cristo è asceso al cielo, per manifestarvisi come il Capo della Sua Chiesa[145].** Attraverso di Lui il Padre governa tutte le cose[146].

51. D. **A che cosa serve questa gloriosa signoria di Cristo, nostro Capo?**

R. **Anzitutto al fatto che**, mediante il Suo Santo Spirito, **Egli effonde in noi, Sue membra[147], i doni**

---

[144] *"Se dunque siete stati risuscitati con Cristo, cercate le cose di lassù dove Cristo è seduto alla destra di Dio. Aspirate alle cose di lassù, non a quelle che sono sulla terra; poiché voi moriste e la vostra vita è nascosta con Cristo in Dio. Quando Cristo, la vita nostra, sarà manifestato, allora anche voi sarete con lui manifestati in gloria"* (Cl. 3:1-4).

[145] *"Questa potente efficacia della sua forza egli l'ha mostrata in Cristo, quando lo risuscitò dai morti e lo fece sedere alla propria destra nel cielo, al di sopra di ogni principato, autorità, potenza, signoria e di ogni altro nome che si nomina non solo in questo mondo, ma anche in quello futuro. Ogni cosa egli ha posta sotto i suoi piedi e lo ha dato per capo supremo alla chiesa, che è il corpo di lui, il compimento di colui che porta a compimento ogni cosa in tutti"* (Ef. 1:20-23); *"Egli è il capo del corpo, cioè della chiesa; è lui il principio, il primogenito dai morti, affinché in ogni cosa abbia il primato"* (Cl. 1:18).

[146] *"E Gesù, avvicinatosi, parlò loro, dicendo: «Ogni potere mi è stato dato in cielo e sulla terra"* (Mt. 28:18); *"Inoltre, il Padre non giudica nessuno, ma ha affidato tutto il giudizio al Figlio, affinché tutti onorino il Figlio come onorano il Padre. Chi non onora il Figlio non onora il Padre che lo ha mandato"* (Gv. 5:22,23).

[147] *"Egli dunque, essendo stato esaltato dalla destra di Dio e avendo ricevuto dal Padre lo Spirito Santo promesso, ha sparso quello che ora vedete e udite"* (At. 2:33); *"Ma a ciascuno di noi la grazia è stata data secondo la misura del dono di Cristo. Per questo è detto: «Salito in alto, egli ha portato con sé dei prigionieri e ha fatto dei doni agli uomini». Ora, questo «è salito» che cosa*

celesti; **poi al fatto che**, con il Suo potere, **ci protegge e ci conserva di fronte a tutti i nostri nemici**[148].

52. D. **Che cosa ti consola nel ritorno di Cristo *per giudicare i vivi ed i morti*?**

R. **Che** in ogni pericolo e persecuzione, **io aspetto a testa alta dal cielo**, come giudice, **quello stesso che prima** si è presentato per me davanti al tribunale di Dio ed **ha allontanato da me ogni maledizione**[149]; che Egli getti nella dannazione

---

vuol dire se non che egli era anche disceso nelle parti più basse della terra? Colui che è disceso, è lo stesso che è salito al di sopra di tutti i cieli, affinché riempisse ogni cosa. È lui che ha dato alcuni come apostoli, altri come profeti, altri come evangelisti, altri come pastori e dottori, per il perfezionamento dei santi in vista dell'opera del ministero e dell'edificazione del corpo di Cristo" (Ef. 4:7-12).

148 "*Tu le spezzerai con una verga di ferro; tu le frantumerai come un vaso d'argilla*" (Sl. 2:9*); "Il SIGNORE ha detto al mio Signore: «Siedi alla mia destra finché io abbia fatto dei tuoi nemici lo sgabello dei tuoi piedi». Il SIGNORE stenderà da Sion lo scettro del tuo potere. Domina in mezzo ai tuoi nemici!*" (Sl. 110:1,2); "*Le mie pecore ascoltano la mia voce e io le conosco ed esse mi seguono; e io do loro la vita eterna e non periranno mai e nessuno le rapirà dalla mia mano. Il Padre mio che me le ha date è più grande di tutti; e nessuno può rapirle dalla mano del Padre. Io e il Padre siamo uno»*" (Gv. 10:27-30); "*Poi vidi il cielo aperto, ed ecco apparire un cavallo bianco. Colui che lo cavalcava si chiama Fedele e Veritiero; perché giudica e combatte con giustizia. I suoi occhi erano una fiamma di fuoco, sul suo capo vi erano molti diademi e portava scritto un nome che nessuno conosce fuorché lui. Era vestito di una veste tinta di sangue e il suo nome è la Parola di Dio. Gli eserciti che sono nel cielo lo seguivano sopra cavalli bianchi, ed erano vestiti di lino fino bianco e puro. Dalla bocca gli usciva una spada affilata per colpire le nazioni; ed egli le governerà con una verga di ferro, e pigerà il tino del vino dell'ira ardente del Dio onnipotente. E sulla veste e sulla coscia porta scritto questo nome: RE DEI RE E SIGNORE DEI SIGNORI*" (Ap. 19:11-16).

149 "*Ma quando queste cose cominceranno ad avvenire, rialzatevi, levate il capo, perché la vostra liberazione si avvicina*" (Lu. 21:28); "*Sappiamo infatti che fino a ora tutta la creazione*

eterna tutti i Suoi nemici ed i miei, ma **mi prenda con Sé con tutti gli eletti nella gioia e nella gloria del cielo**[150].

Dio lo Spirito Santo e la nostra santificazione

Ventesima domenica

D. 53: **Che cosa credi *sullo «Spirito Santo»?***

R. In **primo luogo, che anch'egli è Dio eterno e vero**[151] assieme al Padre e al Figlio. **In secondo**

---

geme ed è in travaglio; non solo essa, ma anche noi, che abbiamo le primizie dello Spirito, gemiamo dentro di noi, aspettando l'adozione, la redenzione del nostro corpo. Poiché siamo stati salvati in speranza. Or la speranza di ciò che si vede, non è speranza; difatti, quello che uno vede, perché lo spererebbe ancora? Ma se speriamo ciò che non vediamo, l'aspettiamo con pazienza" (Ro. 8:22-25); "Quanto a noi, la nostra cittadinanza è nei cieli, da dove aspettiamo anche il Salvatore, Gesù Cristo, il Signore, che trasformerà il corpo della nostra umiliazione rendendolo conforme al corpo della sua gloria, mediante il potere che egli ha di sottomettere a sé ogni cosa" (Fl. 3:20,21); "*...aspettando la beata speranza e l'apparizione della gloria del nostro grande Dio e Salvatore, Cristo Gesù. Egli ha dato sé stesso per noi per riscattarci da ogni iniquità e purificarsi un popolo che gli appartenga, zelante nelle opere buone*" (Tt. 2:13,14).

[150] Leggi Matteo 25:31-46. "*perché il Signore stesso, con un ordine, con voce d'arcangelo e con la tromba di Dio, scenderà dal cielo, e prima risusciteranno i morti in Cristo; poi noi viventi, che saremo rimasti, verremo rapiti insieme con loro, sulle nuvole, a incontrare il Signore nell'aria; e così saremo sempre con il Signore*" (1 Ts. 4:16,17); "*Ora voi sapete ciò che lo trattiene affinché sia manifestato a suo tempo. Infatti il mistero dell'empietà è già in atto, soltanto c'è chi ora lo trattiene, finché sia tolto di mezzo. E allora sarà manifestato l'empio, che il Signore Gesù distruggerà con il soffio della sua bocca, e annienterà con l'apparizione della sua venuta. La venuta di quell'empio avrà luogo, per l'azione efficace di Satana, con ogni sorta di opere potenti, di segni e di prodigi bugiardi, con ogni tipo d'inganno e d'iniquità a danno di quelli che periscono perché non hanno aperto il cuore all'amore della verità per essere salvati*" (2 Ts. 1:6-10).

luogo, che è dato anche a me[152] per farmi partecipare, mediante una vera fede, al Cristo e a tutti i suoi benefici[153] che egli mi consola[154] e che resterà con me per l'eternità[155].

---

[151] *"Nel principio Dio creò i cieli e la terra. La terra era informe e vuota, le tenebre coprivano la faccia dell'abisso e lo Spirito di Dio aleggiava sulla superficie delle acque"* (Ge. 1:1,2); "*Andate dunque e fate miei discepoli tutti i popoli battezzandoli nel nome del Padre, del Figlio e dello Spirito Santo*" (Mt. 28:19); "*Ma Pietro disse: «Anania, perché Satana ha così riempito il tuo cuore da farti mentire allo Spirito Santo e trattenere parte del prezzo del podere? Se questo non si vendeva, non restava tuo? E una volta venduto, il ricavato non era a tua disposizione? Perché ti sei messo in cuore questa cosa? Tu non hai mentito agli uomini ma a Dio»*" (At. 5:3,4); "*Non sapete che siete il tempio di Dio e che lo Spirito di Dio abita in voi?*" (1 Co. 3:16).

[152] "*Non sapete che il vostro corpo è il tempio dello Spirito Santo che è in voi e che avete ricevuto da Dio? Quindi non appartenete a voi stessi*" (1 Co. 6:19); "*Or colui che con voi ci fortifica in Cristo e che ci ha unti, è Dio; egli ci ha pure segnati con il proprio sigillo e ha messo la caparra dello Spirito nei nostri cuori*" (1 Co. 1:21,22); "*E, perché siete figli, Dio ha mandato lo Spirito del Figlio suo nei nostri cuori, che grida: «Abbà, Padre»*" (Ga. 4:6); "*In lui voi pure, dopo aver ascoltato la parola della verità, il vangelo della vostra salvezza, e avendo creduto in lui, avete ricevuto il sigillo dello Spirito Santo che era stato promesso*" (Ef. 1:13).

[153] "*affinché la benedizione di Abraamo venisse sugli stranieri in Cristo Gesù, e ricevessimo, per mezzo della fede, lo Spirito promesso*" (Ga. 3:14); "*eletti secondo la prescienza di Dio Padre, mediante la santificazione dello Spirito, a ubbidire e a essere cosparsi del sangue di Gesù Cristo: grazia e pace vi siano moltiplicate*" (1 Pi. 1:2).

[154] "*Ma quando sarà venuto il Consolatore che io vi manderò da parte del Padre, lo Spirito della verità che procede dal Padre, egli testimonierà di me*" (Gv. 15:26); "*Così la chiesa, per tutta la Giudea, la Galilea e la Samaria, aveva pace, ed era edificata; e, camminando nel timore del Signore e nella consolazione dello Spirito Santo, cresceva costantemente di numero*" (At. 9:31).

Ventunesima domenica

D. 54: **Che cosa credi della «santa chiesa cristiana [*cattolica, universale*]»?**

R. **Che** dall'origine del mondo e fino alla fine[156], **il Figlio di Dio[157]** mediante il suo Spirito e la sua Parola[158] **raduna, protegge e conserva nell'unità**

---

[155] "*e io pregherò il Padre, ed Egli vi darà un altro consolatore, perché stia con voi per sempre, lo Spirito della verità, che il mondo non può ricevere perché non lo vede e non lo conosce. Voi lo conoscete, perché dimora con voi, e sarà in voi*" (Gv. 14:16,17); "*Se siete insultati per il nome di Cristo, beati voi! Perché lo Spirito di gloria, lo Spirito di Dio, riposa su di voi*" (1 Pi. 4:14).

[156] "*«Quanto a me», dice il SIGNORE, «questo è il patto che io stabilirò con loro: il mio spirito che riposa su di te e le mie parole che ho messe nella tua bocca non si allontaneranno mai dalla tua bocca, né dalla bocca della tua discendenza, né dalla bocca della discendenza della tua discendenza», dice il SIGNORE, «da ora e per sempre».*" (Is. 59:21); "*Poiché ogni volta che mangiate questo pane e bevete da questo calice, voi annunciate la morte del Signore, finché egli venga»*" (1 Co. 11:26).

[157] "*Io sono il buon pastore; il buon pastore dà la sua vita per le pecore" (Gv. 10:11); "Badate a voi stessi e a tutto il gregge, in mezzo al quale lo Spirito Santo vi ha costituiti vescovi, per pascere la chiesa di Dio, che egli ha acquistata con il proprio sangue*" (At. 20:28*); "È lui che ha dato alcuni come apostoli, altri come profeti, altri come evangelisti, altri come pastori e dottori, per il perfezionamento dei santi in vista dell'opera del ministero e dell'edificazione del corpo di Cristo, fino a che tutti giungiamo all'unità della fede e della piena conoscenza del Figlio di Dio, allo stato di uomini fatti, all'altezza della statura perfetta di Cristo*" (Ef. 4:11-13); "*Egli è il capo del corpo, cioè della chiesa; è lui il principio, il primogenito dai morti, affinché in ogni cosa abbia il primato*" (Cl. 1:18).

[158] "*Infatti non mi vergogno del vangelo; perché esso è potenza di Dio per la salvezza di chiunque crede; del Giudeo prima e poi del Greco ... Ora, come invocheranno colui nel quale non hanno creduto? E come crederanno in colui del quale non hanno sentito parlare? E come potranno sentirne parlare, se non c'è chi lo annunzi? E come annunzieranno se non sono mandati? Com'è scritto: «Quanto sono belli i piedi di quelli che annunziano buone notizie!». Ma non tutti hanno ubbidito alla buona notizia; Isaia*

della vera fede[159] **una comunità (una Chiesa) eletta per lui**[160] **da tutto il genere umano**[161]**, per la vita eterna**[162]. **Di questa comunità io sono**[163] **membro vivo** e lo resterò eternamente[164].

D. 55: **Che cosa comprendi con «*la comunione dei santi*»?**

R. In **primo luogo, che tutti i credenti** in generale e ciascuno in particolare, come sue membra,

---

infatti dice: «Signore, chi ha creduto alla nostra predicazione?» Così la fede viene da ciò che si ascolta, e ciò che si ascolta viene dalla parola di Cristo" (Ro. 1:16: 10:14-17); "*per santificarla dopo averla purificata lavandola con l'acqua della parola*" (Ef. 5:26).

[159] "*Ed erano perseveranti nell'ascoltare l'insegnamento degli apostoli e nella comunione fraterna, nel rompere il pane e nelle preghiere. Ognuno era preso da timore; e molti prodigi e segni erano fatti dagli apostoli. Tutti quelli che credevano stavano insieme e avevano ogni cosa in comune; vendevano le proprietà e i beni, e li distribuivano a tutti, secondo il bisogno di ciascuno. E ogni giorno andavano assidui e concordi al tempio, rompevano il pane nelle case e prendevano il loro cibo insieme, con gioia e semplicità di cuore, lodando Dio e godendo il favore di tutto il popolo. Il Signore aggiungeva ogni giorno alla loro comunità quelli che venivano salvati*" (At. 2:42-47); "*Io dunque, il prigioniero del Signore, vi esorto a comportarvi in modo degno della vocazione che vi è stata rivolta, con ogni umiltà e mansuetudine, con pazienza, sopportandovi gli uni gli altri con amore, sforzandovi di conservare l'unità dello Spirito con il vincolo della pace. Vi è un corpo solo e un solo Spirito, come pure siete stati chiamati a una sola speranza, quella della vostra vocazione. V'è un solo Signore, una sola fede, un solo battesimo, un solo Dio e Padre di tutti, che è al di sopra di tutti, fra tutti e in tutti*" (Ef. 4:1-6).

[160] "*Molte volte mi hanno oppresso fin dalla mia gioventù - lo dica pure Israele - molte volte mi hanno oppresso fin dalla mia gioventù; eppure non hanno potuto vincermi. Degli aratori hanno arato sul mio dorso, vi hanno tracciato i loro lunghi solchi. Il SIGNORE è giusto; egli ha spezzato le funi degli empi. Siano confusi e voltino le spalle quanti odiano Sion!*" (Sl. 129:1-5); "*E anch'io ti dico: tu sei Pietro, e su questa pietra edificherò la mia chiesa, e le porte del soggiorno dei morti non la potranno vincere" (Mt. 16:18); "e io do loro la vita eterna e non periranno mai e nessuno le rapirà dalla mia mano*" (Mt. 16:18); "*Il Padre mio che me le ha date è più grande di tutti; e nessuno può rapirle dalla mano del Padre. Io e il Padre siamo uno»*" (Gv. 10:28-30).

partecipano al Signore Cristo (hanno comunione con Lui) e a tutti i suoi tesori e doni[165]. **In secondo luogo, che ognuno deve sapere di essere tenuto a servirsi di tutto cuore e con gioia dei suoi doni per il bene e la salvezza delle altre membra[166].**

---

[161] "*Moltiplicherò la tua discendenza come le stelle del cielo e darò alla tua discendenza tutti questi paesi; tutte le nazioni della terra saranno benedette nella tua discendenza*" (Ge. 26:4); "*Essi cantavano un cantico nuovo, dicendo: «Tu sei degno di prendere il libro e di aprirne i sigilli, perché sei stato immolato e hai acquistato a Dio, con il tuo sangue, gente di ogni tribù, lingua, popolo e nazione*" (Ap. 5:9).

[162] "Perché quelli che ha preconosciuti, li ha pure predestinati a essere conformi all'immagine del Figlio suo, affinché egli sia il primogenito tra molti fratelli" (Ro. 8:29); Leggi anche Efesini 1:3-14.

[163] "*Noi sappiamo che siamo passati dalla morte alla vita, perché amiamo i fratelli. Chi non ama rimane nella morte. ... Da questo conosceremo che siamo della verità e renderemo sicuri i nostri cuori davanti a lui. Poiché se il nostro cuore ci condanna, Dio è più grande del nostro cuore e conosce ogni cosa. Carissimi, se il nostro cuore non ci condanna, abbiamo fiducia davanti a Dio*" (1 Gv. 3:14, 19-21).

[164] "*Certo, beni e bontà m'accompagneranno tutti i giorni della mia vita; e io abiterò nella casa del SIGNORE per lunghi giorni" (Sl. 23:6);* "*Le mie pecore ascoltano la mia voce e io le conosco ed esse mi seguono; e io do loro la vita eterna e non periranno mai e nessuno le rapirà dalla mia mano*" (Gv. 10:27,28); "*Io ringrazio sempre il mio Dio per voi, per la grazia di Dio che vi è stata data in Cristo Gesù; perché in lui siete stati arricchiti di ogni cosa, di ogni dono di parola e di ogni conoscenza, essendo stata confermata tra di voi la testimonianza di Cristo; in modo che non mancate di alcun dono, mentre aspettate la manifestazione del Signore nostro Gesù Cristo. Egli vi renderà saldi sino alla fine, perché siate irreprensibili nel giorno del Signore nostro Gesù Cristo. Fedele è Dio che vi ha chiamati alla comunione con il Figlio suo Gesù Cristo, Signore nostro*" (1 Co. 1:4-9); "*Benedetto sia il Dio e Padre del nostro Signore Gesù Cristo, che nella sua grande misericordia ci ha fatti rinascere a una speranza viva mediante la risurrezione di Gesù Cristo dai morti, per una eredità incorruttibile, senza*

D. 56: **Che cosa credi sulla «*remissione dei peccati*»?**

R. **Che Dio**, a causa della soddisfazione di Cristo **non vuole ricordarsi mai più di tutti i miei peccati**[167] né della natura peccatrice (contro la quale devo lottare durante tutta la mia vita[168]), **ma che mi**

---

macchia e inalterabile. Essa è conservata in cielo per voi, che dalla potenza di Dio siete custoditi mediante la fede, per la salvezza che sta per essere rivelata negli ultimi tempi" (1 Pi. 1:3-5).

[165] "*Colui che non ha risparmiato il proprio Figlio, ma lo ha dato per noi tutti, non ci donerà forse anche tutte le cose con lui?*" (Ro. 8:32); "*Ma chi si unisce al Signore è uno spirito solo con lui ... Ora vi è diversità di carismi, ma vi è un medesimo Spirito. Vi è diversità di ministeri, ma non v'è che un medesimo Signore. Vi è varietà di operazioni, ma non vi è che un medesimo Dio, il quale opera tutte le cose in tutti. Ora a ciascuno è data la manifestazione dello Spirito per il bene comune. Poiché, come il corpo è uno e ha molte membra, e tutte le membra del corpo, benché siano molte, formano un solo corpo, così è anche di Cristo. Infatti noi tutti siamo stati battezzati mediante un unico Spirito per formare un unico corpo, Giudei e Greci, schiavi e liberi; e tutti siamo stati abbeverati di un solo Spirito*" (1 Co. 6:17; 12:4-7,12,13).

[166] "*Poiché, come in un solo corpo abbiamo molte membra e tutte le membra non hanno una medesima funzione, così noi, che siamo molti, siamo un solo corpo in Cristo, e, individualmente, siamo membra l'uno dell'altro. Avendo pertanto carismi differenti secondo la grazia che ci è stata concessa, se abbiamo carisma di profezia, profetizziamo conformemente alla fede; se di ministero, attendiamo al ministero; se d'insegnamento, all'insegnare; se di esortazione, all'esortare; chi dà, dia con semplicità; chi presiede, lo faccia con diligenza; chi fa opere di misericordia, le faccia con gioia*" (Ro. 12:4-8); leggi anche 1 Co. 12:20-27; 13:1-7; Fl. 2:4-8.

[167] "*Egli perdona tutte le tue colpe, risana tutte le tue infermità ... salva la tua vita dalla fossa, ti corona di bontà e compassioni; Egli non ci tratta secondo i nostri peccati, e non ci castiga in proporzione alle nostre colpe. Come è lontano l'oriente dall'occidente, così ha egli allontanato da noi le nostre colpe*" (Sl. 103:3,4,10,12); "*Quale Dio è come te, che perdoni l'iniquità e passi sopra alla colpa del resto della tua eredità? Egli non serba la sua ira per sempre, perché si compiace di usare misericordia. Egli*

offre per grazia la giustizia di Cristo, cosicché io non debba mai più essere condannato[169].

Ventiduesima domenica

D. 57: **Quale consolazione ti dona *«la risurrezione della carne»*?**

---

tornerà ad avere pietà di noi, metterà sotto i suoi piedi le nostre colpe e getterà in fondo al mare tutti i nostri peccati" (Mi. 7:18,19); "*E tutto questo viene da Dio che ci ha riconciliati con sé per mezzo di Cristo e ci ha affidato il ministero della riconciliazione. Infatti Dio era in Cristo nel riconciliare con sé il mondo, non imputando agli uomini le loro colpe, e ha messo in noi la parola della riconciliazione. Noi dunque facciamo da ambasciatori per Cristo, come se Dio esortasse per mezzo nostro; vi supplichiamo nel nome di Cristo: siate riconciliati con Dio. Colui che non ha conosciuto peccato, egli lo ha fatto diventare peccato per noi, affinché noi diventassimo giustizia di Dio in lui*" (2 Co. 5:18-21); "*Ma se camminiamo nella luce, com'egli è nella luce, abbiamo comunione l'uno con l'altro, e il sangue di Gesù, suo Figlio, ci purifica da ogni peccato. ...Egli è il sacrificio propiziatorio per i nostri peccati, e non soltanto per i nostri, ma anche per quelli di tutto il mondo*" (1 Gv. 1:7; 2:2).

[168] *"Mi trovo dunque sotto questa legge: quando voglio fare il bene, il male si trova in me. Infatti io mi compiaccio della legge di Dio, secondo l'uomo interiore, ma vedo un'altra legge nelle mie membra, che combatte contro la legge della mia mente e mi rende prigioniero della legge del peccato che è nelle mie membra. Me infelice! Chi mi libererà da questo corpo di morte? Grazie siano rese a Dio per mezzo di Gesù Cristo, nostro Signore. Così dunque, io con la mente servo la legge di Dio, ma con la carne la legge del peccato"* (Ro. 7:21-25).

[169] "*Infatti Dio non ha mandato suo Figlio nel mondo per giudicare il mondo, ma perché il mondo sia salvato per mezzo di lui. Chi crede in lui non è giudicato; chi non crede è già giudicato, perché non ha creduto nel nome dell'unigenito Figlio di Dio*" (Ro. 3:17,18); "*In verità, in verità vi dico: chi ascolta la mia parola e crede a colui che mi ha mandato, ha vita eterna; e non viene in giudizio, ma è passato dalla morte alla vita" (Ro. 5:24); "Non c'è dunque più nessuna condanna per quelli che sono in Cristo Gesù, perché la legge dello Spirito della vita in Cristo Gesù mi ha liberato dalla legge del peccato e della morte"* (Ro. 8:1,2).

R. **Che**, dopo questa vita, **non solo la mia anima sarà subito condotta verso Cristo**[170], il suo capo, **ma che anche la mia carne sarà** risuscitata dalla potenza di Cristo e **riunita nuovamente con la mia anima** e diventerà conforme al corpo glorioso[171] di Cristo.

D. 58: **Quale consolazione ti da l'articolo della «*vita eterna*»?**

R. **Che**, come ora sento nel mio cuore l'inizio della gioia eterna, così, **dopo questa vita, possiederò la felicità perfetta**[172] che nessun occhio ha mai visto,

---

[170] *"Avvenne che il povero morì e fu portato dagli angeli nel seno di Abraamo; morì anche il ricco, e fu sepolto"* (Lu. 15:22); *"Gesù gli disse: «Io ti dico in verità che oggi tu sarai con me in paradiso»"* (Lu. 23:43); *"Infatti per me il vivere è Cristo e il morire guadagno. Ma se il vivere nella carne porta frutto all'opera mia, non saprei che cosa preferire. Sono stretto da due lati: da una parte ho il desiderio di partire e di essere con Cristo, perché è molto meglio"* (Fl. 1:21-23).

[171] *"Ma io so che il mio Redentore vive e che alla fine si alzerà sulla polvere. E quando, dopo la mia pelle, sarà distrutto questo corpo, senza la mia carne, vedrò Dio"* (Gb. 19:25,26); ""*Ma ora Cristo è stato risuscitato dai morti, primizia di quelli che sono morti. Così è pure della risurrezione dei morti. Il corpo è seminato corruttibile e risuscita incorruttibile; è seminato ignobile e risuscita glorioso; è seminato debole e risuscita potente; è seminato corpo naturale e risuscita corpo spirituale. Se c'è un corpo naturale, c'è anche un corpo spirituale. Così anche sta scritto: «Il primo uomo, Adamo, divenne anima vivente»; l'ultimo Adamo è spirito vivificante. Però, ciò che è spirituale non viene prima; ma prima, ciò che è naturale; poi viene ciò che è spirituale. Quando poi questo corruttibile avrà rivestito incorruttibilità e questo mortale avrà rivestito immortalità, allora sarà adempiuta la parola che è scritta: «La morte è stata sommersa nella vittoria»*" (1 Co. 15:20,42-46,54).*"che trasformerà il corpo della nostra umiliazione rendendolo conforme al corpo della sua gloria, mediante il potere che egli ha di sottomettere a sé ogni cosa"* (Fl. 3:21); *"Carissimi, ora siamo figli di Dio, ma non è stato ancora manifestato ciò che saremo. Sappiamo che quand'egli sarà manifestato saremo simili a lui, perché lo vedremo com'egli è"* (1 Gv. 3:2).

[172] *"Questa è la vita eterna: che conoscano te, il solo vero Dio, e colui che tu hai mandato, Gesù Cristo"* (Gv. 17:3); *"perché il regno*

nessun orecchio ha mai udito e che non è mai entrata in cuore d'uomo e questo per lodare Dio eternamente[173].

Ventitreesima domenica

D. 59. **A che cosa ti serve quindi il fatto di credere tutto questo?**

R. **A essere giustificato in Cristo davanti a Dio e a essere erede della vita eterna[174].**

---

di Dio non consiste in vivanda né in bevanda, ma è giustizia, pace e gioia nello Spirito Santo" (Ro. 14:17).*"Perciò in questa tenda gemiamo, desiderando intensamente di essere rivestiti della nostra abitazione celeste, se pure saremo trovati vestiti e non nudi"* (2 Co. 5:2,3).

[173]*"Padre, io voglio che dove sono io, siano con me anche quelli che tu mi hai dati, affinché "vedano la mia gloria che tu mi hai data; poiché mi hai amato prima della fondazione del mondo"* (Gv. 17:24). *"Ma com'è scritto: «Le cose che occhio non vide, e che orecchio non udì, e che mai salirono nel cuore dell'uomo, sono quelle che Dio ha preparate per coloro che lo amano»."* (1 Co. 2:9).

[174] "*il giusto per la sua fede vivrà*" (Ab. 2:4); "*Chi crede nel Figlio ha vita eterna, chi invece rifiuta di credere al Figlio non vedrà la vita, ma l'ira di Dio rimane su di lui»*" (Gv. 3:36); "*Poiché in esso la giustizia di Dio è rivelata da fede a fede, com'è scritto: «Il giusto per fede vivrà*" (Ro. 1:17); "*Giustificati dunque per fede, abbiamo pace con Dio per mezzo di Gesù Cristo, nostro Signore, mediante il quale abbiamo anche avuto, per la fede, l'accesso a questa grazia nella quale stiamo fermi; e ci gloriamo nella speranza della gloria di Dio*" (Ro. 5:1,2).

D. 60. **in che modo sei giustificato davanti a Dio?**

R. **Solo mediante una vera fede in Gesù**[175]. Ecco come.

La mia coscienza mi accusa di aver gravemente peccato contro tutti i comandamenti di Dio, di non averne mai

---

[175] "*Ora però, indipendentemente dalla legge, è stata manifestata la giustizia di Dio, della quale danno testimonianza la legge e i profeti: vale a dire la giustizia di Dio mediante la fede in Gesù Cristo, per tutti coloro che credono - infatti non c'è distinzione: tutti hanno peccato e sono privi della gloria di Dio - ma sono giustificati gratuitamente per la sua grazia, mediante la redenzione che è in Cristo Gesù. Dio lo ha prestabilito come sacrificio propiziatorio mediante la fede nel suo sangue, per dimostrare la sua giustizia, avendo usato tolleranza verso i peccati commessi in passato, al tempo della sua divina pazienza; e per dimostrare la sua giustizia nel tempo presente affinché egli sia giusto e giustifichi colui che ha fede in Gesù*" (Ro. 3:21-26). "*Sappiamo che l'uomo non è giustificato per le opere della legge ma soltanto per mezzo della fede in Cristo Gesù, e abbiamo anche noi creduto in Cristo Gesù per essere giustificati dalla fede in Cristo e non dalle opere della legge; perché dalle opere della legge nessuno sarà giustificato*" (Ga. 2:16); "*Infatti è per grazia che siete stati salvati, mediante la fede; e ciò non viene da voi; è il dono di Dio. Non è in virtù di opere affinché nessuno se ne vanti*" Ef. 2:8,9); "*Anzi, a dire il vero, ritengo che ogni cosa sia un danno di fronte all'eccellenza della conoscenza di Cristo Gesù, mio Signore, per il quale ho rinunciato a tutto; io considero queste cose come tanta spazzatura al fine di guadagnare Cristo e di essere trovato in lui non con una giustizia mia, derivante dalla legge, ma con quella che si ha mediante la fede in Cristo: la giustizia che viene da Dio, basata sulla fede. Tutto questo allo scopo di conoscere Cristo, la potenza della sua risurrezione, la comunione delle sue sofferenze, divenendo conforme a lui nella sua morte, per giungere in qualche modo alla risurrezione dei morti*" (Fl. 3:8-11).

osservato alcuno[176] e d'essere ancora continuamente portato (incline) a ogni sorta di male[177].

Tuttavia, senza alcun merito da parte mia[178] (per pura grazia[179]), Dio mi offre e m'imputa la perfetta soddisfazione, giustizia e santità di Cristo[180] come se io non avessi mai commesso né avuto alcun peccato e come se avessi adempiuto io stesso tutta l'obbedienza

---

176 "*Che dire dunque? Noi siamo forse superiori? No affatto! Perché abbiamo già dimostrato che tutti, Giudei e Greci, sono sottoposti al peccato, com'è scritto: «Non c'è nessun giusto, neppure uno*" (Ro. 3:9,10).

177 "*Vedo un'altra legge nelle mie membra, che combatte contro la legge della mia mente e mi rende prigioniero della legge del peccato che è nelle mie membra*" (Ro. 7:23).

178 "*Non è dunque per la tua giustizia che il SIGNORE, il tuo Dio, ti dà il possesso di questo buon paese; perché sei un popolo dal collo duro*" (De. 9:6); "*Perciò, di' alla casa d'Israele: "Così parla DIO, il Signore: Io agisco così, non a causa di voi, o casa d'Israele, ma per amore del mio nome santo, che voi avete profanato fra le nazioni dove siete andati*" (Ez. 36:22); "*Ma quando la bontà di Dio, nostro Salvatore, e il suo amore per gli uomini sono stati manifestati, egli ci ha salvati non per opere giuste da noi compiute, ma per la sua misericordia, mediante il bagno della rigenerazione e del rinnovamento dello Spirito Santo*" (Tt. 3:4,5).

179 "*Affinché, come il peccato regnò mediante la morte, così pure la grazia regni mediante la giustizia a vita eterna, per mezzo di Gesù Cristo, nostro Signore*" (Ro. 5:21); "*Infatti è per grazia che siete stati salvati, mediante la fede; e ciò non viene da voi; è il dono di Dio*" (Ef. 2:8).

180 "*Infatti, che dice la Scrittura? «Abraamo credette a Dio e ciò gli fu messo in conto come giustizia». Ora a chi opera, il salario non è messo in conto come grazia, ma come debito; mentre a chi non opera ma crede in colui che giustifica l'empio, la sua fede è messa in conto come giustizia*" (Ro. 4:3-5); "*Se dunque uno è in Cristo, egli è una nuova creatura; le cose vecchie sono passate: ecco, sono diventate nuove. E tutto questo viene da Dio che ci ha riconciliati con sé per mezzo di Cristo e ci ha affidato il ministero della riconciliazione. Infatti Dio era in Cristo nel riconciliare con sé il mondo, non imputando agli uomini le loro colpe, e ha messo in noi la parola della riconciliazione*" (2 Co. 5:17-19); "*Figlioli miei, vi*

che Cristo ha soddisfatto per me[181], alla sola condizione che io riceva questo dono con un cuore credente[182].

D. 61. **Perché dici di essere giustificato per la sola fede?**

R. Non è che io piaccia (che io sia accettabile) a Dio a causa della dignità della mia fede, ma perché soltanto la soddisfazione, giustizia e santità di Cristo sono la mia giustizia davanti a Dio[183] e che **io non posso riceverle né entrarne in possesso se non mediante la fede[184]**.

---

scrivo queste cose perché non pecchiate; e se qualcuno ha peccato, noi abbiamo un avvocato presso il Padre: Gesù Cristo, il giusto. Egli è il sacrificio propiziatorio per i nostri peccati, e non soltanto per i nostri, ma anche per quelli di tutto il mondo" (Gv. 2:1,2).

181 "*Anche per noi, ai quali sarà pure messo in conto; per noi che crediamo in colui che ha risuscitato dai morti Gesù, nostro Signore, il quale è stato dato a causa delle nostre offese ed è stato risuscitato per la nostra giustificazione*" (Ro. 4:24,25).

182 "*Chi crede in lui non è giudicato; chi non crede è già giudicato, perché non ha creduto nel nome dell'unigenito Figlio di Dio*" (Gv. 3:18); "*Poi li condusse fuori e disse: «Signori, che debbo fare per essere salvato?». Ed essi risposero: «Credi nel Signore Gesù, e sarai salvato tu e la tua famiglia»*" (At. 16:30,31*)*; "*...vale a* dire la giustizia di Dio mediante la fede in Gesù Cristo, per tutti coloro che credono - infatti non c'è distinzione" (Ro. 3:22).

183 "*Ed è grazie a lui che voi siete in Cristo Gesù, che da Dio è stato fatto per noi sapienza, giustizia, santificazione e redenzione; affinché com'è scritto: «Chi si vanta, si vanti nel Signore»*" (1 Co. 1:30,31); "*...poiché mi proposi di non sapere altro fra voi, fuorché Gesù Cristo e lui crocifisso*" (1 Co. 2:2).

184 "*...infatti con il cuore si crede per ottenere la giustizia e con la bocca si fa confessione per essere salvati*" (Ro. 10:10); "*Chi crede nel Figlio di Dio ha questa testimonianza in sé; chi non crede a Dio, lo fa bugiardo, perché non crede alla testimonianza che Dio ha resa al proprio Figlio. E la testimonianza è questa: Dio ci ha dato la vita eterna, e questa vita è nel Figlio suo. Chi ha il Figlio ha la vita; chi non ha il Figlio di Dio, non ha la vita*" (1 Gv. 5:10-12).

Ventiquattresima domenica

D. 62. **Perché dunque le nostre opere buone non possono essere la nostra giustizia davanti a Dio o essere perlomeno una parte d'essa?**

R. **Perché, per poter resistere davanti al giudizio di Dio, la giustizia deve essere perfetta** e pienamente conforme alla legge divina[185], **mentre anche le opere migliori in questa vita sono tutte imperfette e intaccate** (contaminate) **dal peccato**[186].

D. 63. **Le nostre opere buone non meritano quindi nulla**, nonostante Dio voglia ricompensarle in questa vita e nella vita futura[187]?

R. Questa ricompensa non è data per merito, ma è un dono della grazia[188].

---

[185] "*«Maledetto chi non si attiene alle parole di questa legge, per metterle in pratica!» - E tutto il popolo dirà: «Amen»*" (Ga. 27:26); "*Infatti tutti quelli che si basano sulle opere della legge sono sotto maledizione; perché è scritto: «Maledetto chiunque non si attiene a tutte le cose scritte nel libro della legge per metterle in pratica»*" (Ga. 3:10).

[186] "*Tutti quanti siamo diventati come l'uomo impuro, tutta la nostra giustizia come un abito sporco; tutti quanti appassiamo come foglie la nostra iniquità ci porta via come il vento*" (Is. 64:6).

[187] "*Rallegratevi e giubilate, perché il vostro premio è grande nei cieli; poiché così hanno perseguitato i profeti che sono stati prima di voi*" (Mt. 5:12); "*Or senza fede è impossibile piacergli; poiché chi si accosta a Dio deve credere che egli è, e che ricompensa tutti quelli che lo cercano*" (Eb. 11:6).

[188] "*Così, anche voi, quando avrete fatto tutto ciò che vi è comandato, dite: "Noi siamo servi inutili; abbiamo fatto quello che eravamo in obbligo di fare"».*" (Lu. 17:10); "*Ho combattuto il buon combattimento, ho finito la corsa, ho conservato la fede. Ormai mi è riservata la corona di giustizia che il Signore, il giusto giudice, mi assegnerà in quel giorno; e non solo a me, ma anche a tutti quelli che avranno amato la sua apparizione*" (2 Ti. 4:7,8).

D. 64. **Ma questa dottrina non rende forse negligenti ed empi?**

No, poiché è impossibile che coloro che sono piantati (innestati) in Cristo mediante una vera fede non portino frutti di riconoscenza[189].

[189] "*Un albero buono non può fare frutti cattivi, né un albero cattivo far frutti buoni*" (Mt. 7:18); "*Non c'è infatti albero buono che faccia frutto cattivo, né vi è albero cattivo che faccia frutto buono; perché ogni albero si riconosce dal proprio frutto; infatti non si colgono fichi dalle spine, né si vendemmia uva dai rovi. L'uomo buono dal buon tesoro del suo cuore tira fuori il bene; e l'uomo malvagio, dal malvagio tesoro tira fuori il male; perché dall'abbondanza del cuore parla la sua bocca*" (Lu. 6:43-45).

Venticinquesima domenica

D. 65. Poiché solo la fede ci fa partecipare al Cristo e a tutti i suoi benefici, **da dove viene una tale fede?**

R. **Lo Spirito Santo**[190] **la produce nei nostri cuori mediante la predicazione del santo Vangelo**[191] **e la conferma attraverso la celebrazione dei santi sacramenti**[192]**.**

---

[190] "*Gesù rispose: «In verità, in verità ti dico che se uno non è nato d'acqua e di Spirito, non può entrare nel regno di Dio*" (Gv. 3:5); "*A noi Dio le ha rivelate per mezzo dello Spirito, perché lo Spirito scruta ogni cosa, anche le profondità di Dio. Infatti, chi, tra gli uomini, conosce le cose dell'uomo se non lo spirito dell'uomo che è in lui? Così nessuno conosce le cose di Dio se non lo Spirito di Dio. Ora noi non abbiamo ricevuto lo spirito del mondo, ma lo Spirito che viene da Dio, per conoscere le cose che Dio ci ha donate; e noi ne parliamo non con parole insegnate dalla sapienza umana, ma insegnate dallo Spirito, adattando parole spirituali a cose spirituali. Ma l'uomo naturale non riceve le cose dello Spirito di Dio, perché esse sono pazzia per lui; e non le può conoscere, perché devono essere giudicate spiritualmente*" (1 Co. 2:10-14); "*Infatti è per grazia che siete stati salvati, mediante la fede; e ciò non viene da voi; è il dono di Dio*" (Ef. 2:8); "*Perché vi è stata concessa la grazia, rispetto a Cristo, non soltanto di credere in Lui, ma anche di soffrire per lui*" (Fl. 1:29).

[191] "*Così la fede viene da ciò che si ascolta, e ciò che si ascolta viene dalla parola di Cristo*" (Ro. 10:17); "*...perché siete stati rigenerati non da seme corruttibile, ma incorruttibile, cioè mediante la parola vivente e permanente di Dio. Infatti, «ogni carne è come l'erba, e ogni sua gloria come il fiore dell'erba. L'erba diventa secca e il fiore cade; ma la parola del Signore rimane in eterno». E questa è la parola della Buona Notizia che vi è stata annunziata*" (1 Pi. 1:23-25).

[192] "*Andate dunque e fate miei discepoli tutti i popoli battezzandoli nel nome del Padre, del Figlio e dello Spirito Santo, insegnando loro a osservare tutte quante le cose che vi ho comandate. Ed ecco, io sono con voi tutti i giorni, sino alla fine dell'età presente»*" (Mt. 28:19,20); "*Il calice della benedizione, che noi benediciamo, non è forse la comunione con il sangue di Cristo?*

D. 66. **Che cosa sono i sacramenti?**

R. Sono segni e sigilli visibili e santi istituiti da Dio, per darci, Attraverso la loro celebrazione, una migliore comprensione della promessa del Vangelo[193] e per suggellarla per noi; cioè, a causa dell'unico sacrificio di Cristo compiuto sulla croce[194], Dio ci offre per grazia il perdono dei peccati e la vita eterna.

D. 67. La Parola e i sacramenti hanno quindi lo scopo di indirizzare la nostra fede verso il sacrificio di Gesù Cristo sulla croce come l'unico fondamento della nostra salvezza?

R. Sì, certamente, poiché lo Spirito Santo insegna nel Vangelo e conferma mediante i santi sacramenti che tutta la nostra salvezza si fonda sull'unico sacrificio di Cristo compiuto per noi sulla croce.

Il pane che noi rompiamo, non è forse la comunione con il corpo di Cristo?" (1 Co. 10:16).

[193] "*Sarete circoncisi; questo sarà un segno del patto fra me e voi*" *(Ge. 17:11); "Il SIGNORE, il tuo Dio, circonciderà il tuo cuore e il cuore dei tuoi discendenti affinché tu ami il SIGNORE, il tuo Dio, con tutto il tuo cuore e con tutta l'anima tua, e così tu viva*" (De. 30:6); "*...poi ricevette il segno della circoncisione, quale sigillo della giustizia ottenuta per la fede che aveva quando era incirconciso, affinché fosse padre di tutti gli incirconcisi che credono, in modo che anche a loro fosse messa in conto la giustizia*" (Ro. 4:11).

[194] "*Poi, preso un calice e rese grazie, lo diede loro, dicendo: «Bevetene tutti, perché questo è il mio sangue, il sangue del patto, il quale è sparso per molti per il perdono dei peccati*" (Mt. 26:27,28); "*E Pietro a loro: «Ravvedetevi e ciascuno di voi sia battezzato nel nome di Gesù Cristo, per il perdono dei vostri peccati, e voi riceverete il dono dello Spirito Santo*" (At. 2:38); "*In virtù di questa «volontà» noi siamo stati santificati, mediante l'offerta del corpo di Gesù Cristo fatta una volta per sempre*" (Eb. 10:10).

D. 68: **Quanti sacramenti Cristo ha istituito nel Nuovo Testamento (patto)?**

R. **Due: il santo battesimo e la santa cena**[195].

Il santo Battesimo

Ventiseiesima e ventisettesima domenica

D. 69. **In che modo il santo battesimo ti ricorda e ti assicura che l'unico sacrificio di Cristo** sulla croce **è per il tuo bene?**

R. Perché **Cristo** ha istituito questo lavacro esteriore[196] e vi **fece la promessa secondo cui, attraverso il suo sangue e il suo Spirito, sono lavato dall'impurità della mia anima, cioè da tutti i miei peccati**[197], **con la stessa certezza con**

---

[195] "*Andate dunque e fate miei discepoli tutti i popoli battezzandoli nel nome del Padre, del Figlio e dello Spirito Santo, insegnando loro a osservare tutte quante le cose che vi ho comandate. Ed ecco, io sono con voi tutti i giorni, sino alla fine dell'età presente»*" (Mt. 28:19,20); "*Poiché ho ricevuto dal Signore quello che vi ho anche trasmesso; cioè, che il Signore Gesù, nella notte in cui fu tradito, prese del pane, e dopo aver reso grazie, lo ruppe e disse: «Questo è il mio corpo che è dato per voi; fate questo in memoria di me». Nello stesso modo, dopo aver cenato, prese anche il calice, dicendo: «Questo calice è il nuovo patto nel mio sangue; fate questo, ogni volta che ne berrete, in memoria di me. Poiché ogni volta che mangiate questo pane e bevete da questo calice, voi annunciate la morte del Signore, finché egli venga»*" (1 Co. 11:23-26).

[196] "*Andate dunque e fate miei discepoli tutti i popoli battezzandoli nel nome del Padre, del Figlio e dello Spirito Santo*" (Mt. 28:19).

[197] "*Io vi battezzo con acqua, in vista del ravvedimento; ma colui che viene dopo di me è più forte di me, e io non sono degno di portargli i calzari; egli vi battezzerà con lo Spirito Santo e con il fuoco*" (Mt. 3:11); "*Chi avrà creduto e sarà stato battezzato sarà salvato; ma chi non avrà creduto sarà condannato*" (Mr. 16:16); "*Io*

cui sono lavato esteriormente dall'acqua che serve abitualmente a togliere la sporcizia del corpo.

D. 70: **Che cosa significa essere lavato dal sangue e dallo Spirito di Cristo?**

R. **È avere la remissione dei peccati mediante la grazia di Dio,** a causa del sangue che Cristo ha versato per noi nel suo sacrificio sulla croce[198]. **È anche essere rinnovato e santificato dallo**

---

non lo conoscevo, ma colui che mi ha mandato a battezzare in acqua, mi ha detto: "Colui sul quale vedrai lo Spirito scendere e fermarsi, è quello che battezza con lo Spirito Santo" (Gv. 1:33); "E Pietro *a loro: «Ravvedetevi e ciascuno di voi sia battezzato nel nome di Gesù Cristo, per il perdono dei vostri peccati, e voi riceverete il dono dello Spirito Santo*" (At. 2:38); "*O ignorate forse che tutti noi, che siamo stati battezzati in Cristo Gesù, siamo stati battezzati nella sua morte? Siamo dunque stati sepolti con lui mediante il battesimo nella sua morte, affinché, come Cristo è stato risuscitato dai morti mediante la gloria del Padre, così anche noi camminassimo in novità di vita*" (Ro. 6:3,4); "*Quest'acqua era figura del battesimo (che non è eliminazione di sporcizia dal corpo, ma la richiesta di una buona coscienza verso Dio). Esso ora salva anche voi, mediante la risurrezione di Gesù Cristo*" (1 Pi. 3:21).

[198] "*Vi aspergerò d'acqua pura e sarete puri; io vi purificherò di tutte le vostre impurità e di tutti i vostri idoli*" (Ez. 36:25); "*In quel giorno vi sarà una fonte aperta per la casa di Davide e per gli abitanti di Gerusalemme, per il peccato e per l'impurità*" (Za. 13:1); "*In lui abbiamo la redenzione mediante il suo sangue, il perdono dei peccati secondo le ricchezze della sua grazia*" (Ef. 1:7); "*DIO, il Signore, è la mia forza; egli renderà i miei piedi come quelli delle cerve e mi farà camminare sulle alture*" (Ab. 3:19); "*Gesù, il mediatore del nuovo patto e al sangue dell'aspersione che parla meglio del sangue d'Abele*" (Eb. 12:24); "*eletti secondo la prescienza di Dio Padre, mediante la santificazione dello Spirito, a ubbidire e a essere cosparsi del sangue di Gesù Cristo: grazia e pace vi siano moltiplicate*" (1 Pi. 1:2*); "e da Gesù Cristo, il testimone fedele, il primogenito dei morti e il principe dei re della terra. A lui che ci ama, e ci ha liberati dai nostri peccati con il suo sangue*" (Ap. 1:5); "*Io gli risposi: «Signor mio, tu lo sai». Ed egli mi disse: «Sono quelli che vengono dalla grande tribolazione. Essi hanno lavato le loro vesti, e le hanno imbiancate nel sangue dell'Agnello*" (Ap. 7:14).

Spirito Santo che fa di noi delle membra del Cristo, perché moriamo sempre più al peccato e conduciamo una vita santa e irreprensibile[199].

D. 71. **Dove Cristo ha promesso che siamo lavati dal suo sangue e dal suo Spirito** con la stessa certezza con cui lo siamo mediante l'acqua del battesimo?

R. **Nell'istituzione del battesimo che dice: «Andate dunque e fate miei discepoli tutti i popoli battezzandoli nel nome del Padre, del Figlio e dello Spirito Santo».** «Chi avrà creduto e sarà stato battezzato sarà salvato; ma chi non avrà creduto sarà condannato» (Mr 16:16). Questa promessa viene ripetuta anche quando la Scrittura chiama il battesimo «lavacro della nuova nascita» (Tt. 3:5) e «purificazione dei peccati» (At. 22:16).

---

[199] "*Gesù rispose: «In verità, in verità ti dico che se uno non è nato d'acqua e di Spirito, non può entrare nel regno di Dio. Quello che è nato dalla carne, è carne; e quello che è nato dallo Spirito, è spirito. Non ti meravigliare se ti ho detto: "Bisogna che nasciate di nuovo". Il vento soffia dove vuole, e tu ne odi il rumore, ma non sai né da dove viene né dove va; così è di chiunque è nato dallo Spirito»*" (Gv. 3:5-8); "*Siamo dunque stati sepolti con lui mediante il battesimo nella sua morte, affinché, come Cristo è stato risuscitato dai morti mediante la gloria del Padre, così anche noi camminassimo in novità di vita*" (Ro. 6:4); "*E tali eravate alcuni di voi; ma siete stati lavati, siete stati santificati, siete stati giustificati nel nome del Signore Gesù Cristo e mediante lo Spirito del nostro Dio*" (1 Co. 6:11); "*in lui siete anche stati circoncisi di una circoncisione non fatta da mano d'uomo, ma della circoncisione di Cristo, che consiste nello spogliamento del corpo della carne: siete stati con lui sepolti nel battesimo, nel quale siete anche stati risuscitati con lui mediante la fede nella potenza di Dio che lo ha risuscitato dai morti*" (Cl. 2:11,12).

D. 72. **Il lavacro esteriore è dunque in se stesso la purificazione dei peccati?**

R. **No, poiché solo il sangue di Gesù Cristo e lo Spirito Santo ci purificano da tutti i peccati[200].**

D. 73. Perché allora lo Spirito Santo chiama il battesimo lavacro della nuova nascita e purificazione dei peccati?

R. Dio parla in questo modo non senza una profonda ragione, poiché non solo vuole insegnarci con questo che, come la sporcizia del corpo[201] è tolta dall'acqua, così i nostri peccati lo sono dal sangue e dallo Spirito di Dio, ma soprattutto vuole assicurarci, con questo pegno e segno divino, che non siamo veramente lavati spiritualmente dai nostri peccati così come lo siamo corporalmente mediante l'acqua[202].

---

[200] "*Io vi battezzo con acqua, in vista del ravvedimento; ma colui che viene dopo di me è più forte di me, e io non sono degno di portargli i calzari; egli vi battezzerà con lo Spirito Santo e con il fuoco*" (Mt. 3:1); "*Quest'acqua era figura del battesimo (che non è eliminazione di sporcizia dal corpo, ma la richiesta di una buona coscienza verso Dio). Esso ora salva anche voi, mediante la risurrezione di Gesù Cristo*" (1 Pi. 3:21); "*Ma se camminiamo nella luce, com'egli è nella luce, abbiamo comunione l'uno con l'altro, e il sangue di Gesù, suo Figlio, ci purifica da ogni peccato*" (1 Gv. 1:7).

[201] "*E tali eravate alcuni di voi; ma siete stati lavati, siete stati santificati, siete stati giustificati nel nome del Signore Gesù Cristo e mediante lo Spirito del nostro Dio*" (1 Co. 6:11); "*e da Gesù Cristo, il testimone fedele, il primogenito dei morti e il principe dei re della terra. A lui che ci ama, e ci ha liberati dai nostri peccati con il suo sangue*" (Ap. 1:5); "*Io gli risposi: «Signor mio, tu lo sai». Ed egli mi disse: «Sono quelli che vengono dalla grande tribolazione. Essi hanno lavato le loro vesti, e le hanno imbiancate nel sangue dell'Agnello*" (Ap. 7:14).

[202] "*Chi avrà creduto e sarà stato battezzato sarà salvato; ma chi non avrà creduto sarà condannato*" (Mr. 16:16); "*E Pietro a loro: «Ravvedetevi e ciascuno di voi sia battezzato nel nome di Gesù Cristo, per il perdono dei vostri peccati, e voi riceverete il dono dello Spirito Santo*" (At. 2:38); "*O ignorate forse che tutti noi, che siamo stati battezzati in Cristo Gesù, siamo stati battezzati nella*

D. 74. **Si devono battezzare anche i bambini?**

R. **Sì, poiché appartengono, come gli adulti, all'alleanza di Dio** e alla sua chiesa[203] e sono loro promessi, allo stesso modo che agli adulti[204], la remissione dei peccati nel sangue di Cristo, nonché lo Spirito Santo che produce la fede. **Anch'essi devono quindi essere incorporati alla chiesa cristiana** [cattolica, universale] **mediante il battesimo, segno dell'alleanza**, ed **essere distinti dai figli dei non credenti[205]**, come si è fatto nell'Antico

---

sua morte? Siamo dunque stati sepolti con lui mediante il battesimo nella sua morte, affinché, come Cristo è stato risuscitato dai morti mediante la gloria del Padre, così anche noi camminassimo in novità di vita" (Ro. 6:3,4);"*Infatti voi tutti che siete stati battezzati in Cristo vi siete rivestiti di Cristo*" (Ga. 3:27).

[203] "*Stabilirò il mio patto fra me e te e i tuoi discendenti dopo di te, di generazione in generazione; sarà un patto eterno per il quale io sarò il Dio tuo e della tua discendenza dopo di te*" (Ge. 17:7); "*Ma Gesù disse: «Lasciate i bambini, non impedite che vengano da me, perché il regno dei cieli è per chi assomiglia a loro»*" (Mt. 19:14).

[204] "Non allontanarti da me, perché l'angoscia è vicina, e non c'è alcuno che m'aiuti" (Sl. 22:11); "*«Ora ascolta, Giacobbe, mio servo, o Israele, che io ho scelto! Così parla il SIGNORE che ti ha fatto, che ti ha formato fin dal seno materno, colui che ti soccorre: Non temere, Giacobbe mio servo, o Iesurun che io ho scelto! Io infatti spanderò le acque sul suolo assetato e i ruscelli sull'arida terra; spanderò il mio Spirito sulla tua discendenza e la mia benedizione sui tuoi rampolli*" (Is. 44:1-3); "E *Pietro a loro: «Ravvedetevi e ciascuno di voi sia battezzato nel nome di Gesù Cristo, per il perdono dei vostri peccati, e voi riceverete il dono dello Spirito Santo. Perché per voi è la promessa, per i vostri figli, e per tutti quelli che sono lontani, per quanti il Signore, nostro Dio, ne chiamerà»*" (At. 2:38,39); "*Ed essi risposero: «Credi nel Signore Gesù, e sarai salvato tu e la tua famiglia»*" (At. 16:31).

[205] "*Allora Pietro disse: «C'è forse qualcuno che possa negare l'acqua e impedire che siano battezzati questi che hanno ricevuto lo Spirito Santo come noi?»*" (At. 10:47); "*perché il marito non credente è santificato nella moglie, e la moglie non credente è santificata nel marito credente; altrimenti i vostri figli sarebbero impuri, mentre ora sono santi*" (1 Co. 7:14).

Testamento mediante la circoncisione[206] al cui posto nel Nuovo Testamento (Nuovo Patto[207]) è stato istituito il battesimo.

La Cena del Signore

Ventottesima, ventinovesima e trentesima domenica

D. 75. **Come la santa cena ti ricorda e ti assicura che tu partecipi all'unico sacrificio di Cristo sulla croce** e a tutti i suoi benefici?

R. **Per il fatto che Cristo mi ha comandato, a me e a tutti i credenti, di mangiare di questo pane spezzato e di bere di questo calice in sua memoria. Vi ha anche aggiunto le sue promesse[208]: in primo luogo**, **con la stessa**

---

[206] "*Poi Dio disse ad Abraamo: «Quanto a te, tu osserverai il mio patto: tu e la tua discendenza dopo di te, di generazione in generazione. Questo è il mio patto che voi osserverete, patto fra me e voi e la tua discendenza dopo di te: ogni maschio tra di voi sia circonciso. Sarete circoncisi; questo sarà un segno del patto fra me e voi. All'età di otto giorni, ogni maschio sarà circonciso tra di voi, di generazione in generazione: tanto quello nato in casa, quanto quello comprato con denaro da qualunque straniero e che non sia della tua discendenza. Quello nato in casa tua e quello comprato con denaro dovrà essere circonciso; il mio patto nella vostra carne sarà un patto perenne. L'incirconciso, il maschio che non sarà stato circonciso nella carne del suo prepuzio, sarà tolto via dalla sua gente: egli avrà violato il mio patto»*" (Ge. 17:9-14).

[207] "*in lui siete anche stati circoncisi di una circoncisione non fatta da mano d'uomo, ma della circoncisione di Cristo, che consiste nello spogliamento del corpo della carne: siete stati con lui sepolti nel battesimo, nel quale siete anche stati risuscitati con lui mediante la fede nella potenza di Dio che lo ha risuscitato dai morti. Voi, che eravate morti nei peccati e nella incirconcisione della vostra carne, voi, dico, Dio ha vivificati con lui, perdonandoci tutti i nostri peccati*" (Cl. 2:11-13).

[208] "*Mentre mangiavano, Gesù prese del pane e, dopo aver detto la benedizione, lo ruppe e lo diede ai suoi discepoli dicendo:*

certezza con cui vedo con i miei occhi che si spezza per me il pane del Signore e che mi si porge il calice, sulla croce il suo corpo è stato offerto e spezzato per me e il suo sangue è stato versato per me; **in secondo luogo**, con la stessa certezza con cui ricevo dalla mano del ministro e corporalmente mangio il pane e bevo il calice del Signore, che mi vengono offerti come sicuri segni del corpo e del sangue di Cristo, **con il suo corpo crocifisso e il suo sangue versato nutre e disseta lui stesso la mia anima per la vita eterna**.

D. 76. **Che cosa vuoi dire mangiare il corpo crocifisso di Cristo e bere il suo sangue versato?**

R. **In primo luogo, è accettare con cuore credente tutta la passione e la morte di Cristo** e ricevere così la remissione dei peccati e la vita eterna[209]. **In secondo luogo**, **è anche essere unito**

«Prendete, mangiate, questo è il mio corpo». Poi, preso un calice e rese grazie, lo diede loro, dicendo: «Bevetene tutti, perché questo è il mio sangue, il sangue del patto, il quale è sparso per molti per il perdono dei peccati" (Mt. 26:26-28); "*Mentre mangiavano, Gesù prese del pane; detta la benedizione, lo spezzò, lo diede loro e disse: «Prendete, questo è il mio corpo». Poi, preso un calice e rese grazie, lo diede loro, e tutti ne bevvero. Poi Gesù disse: «Questo è il mio sangue, il sangue del patto, che è sparso per molti*" (Lu. 14:22-24); "*Poi prese del pane, rese grazie e lo ruppe, e lo diede loro dicendo: «Questo è il mio corpo che è dato per voi; fate questo in memoria di me». Allo stesso modo, dopo aver cenato, diede loro il calice dicendo: «Questo calice è il nuovo patto nel mio sangue, che è versato per voi*" (Lu. 22:19,20); "*Poiché ho ricevuto dal Signore quello che vi ho anche trasmesso; cioè, che il Signore Gesù, nella notte in cui fu tradito, prese del pane, e dopo aver reso grazie, lo ruppe e disse: «Questo è il mio corpo che è dato per voi; fate questo in memoria di me». Nello stesso modo, dopo aver cenato, prese anche il calice, dicendo: «Questo calice è il nuovo patto nel mio sangue; fate questo, ogni volta che ne berrete, in memoria di me*" (1 Co. 11:23-25).

[209] "*Gesù disse loro: «Io sono il pane della vita; chi viene a me non avrà più fame e chi crede in me non avrà mai più sete. ... Poiché questa è la volontà del Padre mio: che chiunque contempla*

sempre più intimamente al corpo benedetto di Cristo mediante lo Spirito Santo che abita in Cristo come in noi[210], cosicché noi siamo carne della sua carne e ossa delle sue ossa[211] benché egli sia in cielo[212] e noi sulla terra. In tal modo, un solo Spirito — come l'anima fa per le membra del corpo[213] — ci governa e ci fa vivere.

---

il Figlio e crede in lui, abbia vita eterna; e io lo risusciterò nell'ultimo giorno». ...Questo è il pane che discende dal cielo, affinché chi ne mangia non muoia. Io sono il pane vivente, che è disceso dal cielo; se uno mangia di questo pane vivrà in eterno; e il pane che io darò è la mia carne, [che darò] per la vita del mondo». I Giudei dunque discutevano tra di loro, dicendo: «Come può costui darci da mangiare la sua carne?». Perciò Gesù disse loro: «In verità, in verità vi dico che se non mangiate la carne del Figlio dell'uomo e non bevete il suo sangue, non avete vita in voi. Chi mangia la mia carne e beve il mio sangue ha vita eterna; e io lo risusciterò nell'ultimo giorno" (Gv. 6:35,40,50-54).

[210] "*Perché la mia carne è vero cibo e il mio sangue è vera bevanda. Chi mangia la mia carne e beve il mio sangue dimora in me, e io in lui*" (Gv. 6:55,56); "*Infatti noi tutti siamo stati battezzati in un unico Spirito per formare un unico corpo, Giudei e Greci, schiavi e liberi; e tutti siamo stati abbeverati di un solo Spirito*" (1 Co. 12:13).

[211] "*Non sapete che i vostri corpi sono membra di Cristo? Prenderò dunque le membra di Cristo per farne membra di una prostituta? No di certo! Non sapete che chi si unisce alla prostituta è un corpo solo con lei? «Poiché», Dio dice, «i due diventeranno una sola carne». Ma chi si unisce al Signore è uno spirito solo con lui*" (1 Co. 6:15-17); "*Infatti nessuno odia la propria persona, anzi la nutre e la cura teneramente, come anche Cristo fa per la chiesa, poiché siamo membra del suo corpo*" (Ef. 5:29,30); "*Da questo conosciamo che rimaniamo in lui ed egli in noi: dal fatto che ci ha dato del suo Spirito*" (1 Gv. 4:13).

[212] "*Dette queste cose, mentre essi guardavano, fu elevato; e una nuvola, accogliendolo, lo sottrasse ai loro sguardi. E come essi avevano gli occhi fissi al cielo, mentre egli se ne andava, due uomini in vesti bianche si presentarono a loro e dissero: «Uomini di Galilea, perché state a guardare verso il cielo? Questo Gesù, che vi è stato tolto, ed è stato elevato in cielo, ritornerà nella*

D. 77. **Dove Cristo ha promesso ai credenti di nutrirli con il suo corpo e dissetarli con il suo sangue** con la stessa certezza con cui essi mangiano di questo pane spezzato e bevono a questo calice?

R. **Nell'istituzione della cena che dice così: «Poiché ho ricevuto dal Signore quello che vi ho anche trasmesso; cioè, che il Signore Gesù, nella notte in cui fu tradito, prese del pane, e**

---

medesima maniera in cui lo avete visto andare in cielo»" (At. 1:9-11); "*che il cielo deve tenere accolto fino ai tempi della restaurazione di tutte le cose; di cui Dio ha parlato fin dall'antichità per bocca dei suoi santi profeti*" (At. 3:21); "*Poiché ogni volta che mangiate questo pane e bevete da questo calice, voi annunciate la morte del Signore, finché egli venga»*" (1 Co. 11:26); "*Se dunque siete stati risuscitati con Cristo, cercate le cose di lassù dove Cristo è seduto alla destra di Dio*" (Cl. 3:1).

[213] "*Chi mangia la mia carne e beve il mio sangue dimora in me, e io in lui. Come il Padre vivente mi ha mandato e io vivo a motivo del Padre, così chi mi mangia vivrà anch'egli a motivo di me. Questo è il pane che è disceso dal cielo; non come quello che i padri mangiarono e morirono; chi mangia di questo pane vivrà in eterno». Queste cose disse Gesù, insegnando nella sinagoga di Capernaum. Perciò molti dei suoi discepoli, dopo aver udito, dissero: «Questo parlare è duro; chi può ascoltarlo?». Gesù, sapendo dentro di sé che i suoi discepoli mormoravano di ciò, disse loro: «Questo vi scandalizza? E che sarebbe se vedeste il Figlio dell'uomo ascendere dov'era prima? È lo Spirito che vivifica; la carne non è di alcuna utilità; le parole che vi ho dette sono spirito e vita. Ma tra di voi ci sono alcuni che non credono». Gesù sapeva infatti fin dal principio chi erano quelli che non credevano, e chi era colui che lo avrebbe tradito. E diceva: «Per questo vi ho detto che nessuno può venire a me, se non gli è dato dal Padre». Da allora molti dei suoi discepoli si tirarono indietro e non andavano più con lui. Perciò Gesù disse ai dodici: «Non volete andarvene anche voi?» Simon Pietro gli rispose: «Signore, da chi andremmo noi? Tu hai parole di vita eterna*" (Gv. 6:56-68); "*«Io sono la vera vite e il Padre mio è il vignaiuolo. Ogni tralcio che in me non dà frutto, lo toglie via; e ogni tralcio che dà frutto, lo pota affinché ne dia di più. Voi siete già puri a causa della parola che vi ho annunziata. Dimorate in me, e io dimorerò in voi. Come il tralcio non può da sé dar frutto se non rimane nella vite, così neppure voi, se non dimorate in me. Io sono la vite, voi siete i*

dopo aver reso grazie, lo ruppe e disse: «Questo è il mio corpo che è dato per voi; fate questo in memoria di me». Nello stesso modo, dopo aver cenato, prese anche il calice, dicendo: «Questo calice è il nuovo patto nel mio sangue; fate questo, ogni volta che ne berrete, in memoria di me. Poiché ogni volta che mangiate questo pane e bevete da questo calice, voi annunciate la morte del Signore, finché egli venga» (1 Co. 11:23-26). Questa promessa viene ripetuta anche da s. Paolo quando dice (1 Co. 10:16,17s): «Il calice della benedizione, che noi benediciamo, non è forse la comunione con il sangue di Cristo? Il pane che noi rompiamo, non è forse la comunione con il corpo di Cristo? Siccome vi è un unico pane, noi, che siamo molti, siamo un corpo unico, perché partecipiamo tutti a quell'unico pane».

D. 78. **Il pane e il vino diventano dunque essenzialmente il corpo e il sangue di Cristo?**

R. **No, ma come nel battesimo l'acqua non viene cambiata nel sangue di Cristo** o non diventa la purificazione stessa dei peccati, ma n'è soltanto un divino segno e suggello[214] e, **così nella cena il pane**

---

tralci. Colui che dimora in me e nel quale io dimoro, porta molto frutto; perché senza di me non potete far nulla. Se uno non dimora in me, è gettato via come il tralcio, e si secca; questi tralci si raccolgono, si gettano nel fuoco e si bruciano" (Gv. 15:1-6); "*...ma, seguendo la verità nell'amore, cresciamo in ogni cosa verso colui che è il capo, cioè Cristo. Da lui tutto il corpo ben collegato e ben connesso mediante l'aiuto fornito da tutte le giunture, trae il proprio sviluppo nella misura del vigore di ogni singola parte, per edificare sé stesso nell'amore*" (Ef. 4:15,16); "*Chi osserva i suoi comandamenti rimane in Dio e Dio in lui. Da questo conosciamo che egli rimane in noi: dallo Spirito che ci ha dato*" (Gv. 3:24).

214 "*per santificarla dopo averla purificata lavandola con l'acqua della parola*" (Ef. 5:26); "*egli ci ha salvati non per opere giuste da noi compiute, ma per la sua misericordia, mediante il bagno della rigenerazione e del rinnovamento dello Spirito Santo*" (Tt. 3:5).

benedetto non diventa il corpo stesso di Cristo[215], benché, secondo la natura e l'uso dei sacramenti[216] sia chiamato il corpo di Cristo[217].

[215] "*Mentre mangiavano, Gesù prese del pane e, dopo aver detto la benedizione, lo ruppe e lo diede ai suoi discepoli dicendo: «Prendete, mangiate, questo è il mio corpo». Poi, preso un calice e rese grazie, lo diede loro, dicendo: «Bevetene tutti, perché questo è il mio sangue, il sangue del patto, il quale è sparso per molti per il perdono dei peccati. Vi dico che da ora in poi non berrò più di questo frutto della vigna, fino al giorno che lo berrò nuovo con voi nel regno del Padre mio»*" (Mt. 26:26-29).

[216] "Questo è il mio patto che voi osserverete, patto fra me e voi e la tua discendenza dopo di te: ogni maschio tra di voi sia circonciso. Sarete circoncisi; questo sarà un segno del patto fra me e voi" (Ge. 17:10,11); "Mangiatelo in questa maniera: con i vostri fianchi cinti, con i vostri calzari ai piedi e con il vostro bastone in mano; e mangiatelo in fretta: è la Pasqua del SIGNORE. Quella notte io passerò per il paese d'Egitto, colpirò ogni primogenito nel paese d'Egitto, tanto degli uomini quanto degli animali, e farò giustizia di tutti gli dèi d'Egitto. Io sono il SIGNORE. Il sangue vi servirà di segno sulle case dove sarete; quand'io vedrò il sangue, passerò oltre, e non vi sarà piaga su di voi per distruggervi, quando colpirò il paese d'Egitto" (Es. 12:11-13); "... mangiarono tutti lo stesso cibo spirituale, bevvero tutti la stessa bevanda spirituale, perché bevevano alla roccia spirituale che li seguiva; e questa roccia era Cristo" (1 Co. 10:3,4); "Quest'acqua era figura del battesimo (che non è eliminazione di sporcizia dal corpo, ma la richiesta di una buona coscienza verso Dio). Esso ora salva anche voi, mediante la risurrezione di Gesù Cristo" (1 Pi. 3:21).

[217] "*Il calice della benedizione, che noi benediciamo, non è forse la comunione con il sangue di Cristo? Il pane che noi rompiamo, non è forse la comunione con il corpo di Cristo? Siccome vi è un unico pane, noi, che siamo molti, siamo un corpo unico, perché partecipiamo tutti a quell'unico pane*" (1 Co. 10:16,17); "*Poiché ogni volta che mangiate questo pane e bevete da questo calice, voi annunciate la morte del Signore, finché egli venga». Perciò, chiunque mangerà il pane o berrà dal calice del Signore*

D. 79. Perché allora Cristo chiama il pane il suo corpo e il calice il suo sangue o la nuova alleanza nel suo sangue e Paolo parla della comunione al corpo e al sangue di Gesù Cristo?

R. Cristo parla in questo modo non senza una profonda ragione: con ciò vuole insegnarci non solo che, come il pane e il vino conservano la vita terrena, così il suo corpo crocifisso e il suo sangue versato sono il vero cibo e la vera bevanda delle nostre anime per la vita eterna[218], ma con questo segno e pegno visibile vuole soprattutto assicurarci che noi partecipiamo al suo vero corpo e al suo vero sangue mediante l'azione dello Spirito Santo, con la stessa certezza con cui riceviamo con la bocca del corpo questi sacri segni in memoria di lui[219]; e, infine, che in tal modo tutta la sua passione e la sua obbedienza ci appartengono con la stessa certezza che se avessimo sofferto e soddisfatto noi stessi per i nostri peccati[220].

---

indegnamente, sarà colpevole verso il corpo e il sangue del Signore. Ora ciascuno esamini sé stesso, e così mangi del pane e beva dal calice" (1 Co. 11:26-28).

[218] "*Io sono il pane vivente, che è disceso dal cielo; se uno mangia di questo pane vivrà in eterno; e il pane che io darò è la mia carne, [che darò] per la vita del mondo» ... Perché la mia carne è vero cibo e il mio sangue è vera bevanda*" (Gv. 6:51,55).

[219] "*Il calice della benedizione, che noi benediciamo, non è forse la comunione con il sangue di Cristo? Il pane che noi rompiamo, non è forse la comunione con il corpo di Cristo? Siccome vi è un unico pane, noi, che siamo molti, siamo un corpo unico, perché partecipiamo tutti a quell'unico pane*" (1 Co. 10:16,17); "*Poiché ogni volta che mangiate questo pane e bevete da questo calice, voi annunciate la morte del Signore, finché egli venga»*" (1 Co. 11:26).

[220] "*Perché se siamo stati totalmente uniti a lui in una morte simile alla sua, lo saremo anche in una risurrezione simile alla sua. Sappiamo infatti che il nostro vecchio uomo è stato crocifisso con lui affinché il corpo del peccato fosse annullato e noi non serviamo più al peccato; infatti colui che è morto, è libero dal peccato. Ora, se siamo morti con Cristo, crediamo pure che vivremo con lui,*

D. 80. Che differenza c'è fra la cena del Signore e la messa papista?

R. La cena ci attesta che abbiamo la completa remissione di tutti i nostri peccati mediante l'unico sacrificio di Gesù Cristo, da lui compiuto in modo definitivo sulla croce[221] e che mediante lo Spirito Santo siamo incorporati a Cristo[222], il quale ora si trova, con il

---

sapendo che Cristo, risuscitato dai morti, non muore più; la morte non ha più potere su di lui. Poiché il suo morire fu un morire al peccato, una volta per sempre; ma il suo vivere è un vivere a Dio. Così anche voi fate conto di essere morti al peccato, ma viventi a Dio, in Cristo Gesù" (Ro. 6:5-11).

[221] "*...perché questo è il mio sangue, il sangue del patto, il quale è sparso per molti per il perdono dei peccati*" (Mt. 26:28); "*il quale non ha ogni giorno bisogno di offrire sacrifici, come gli altri sommi sacerdoti, prima per i propri peccati e poi per quelli del popolo; poiché egli ha fatto questo una volta per sempre quando ha offerto sé stesso*" (Eb. 7:27); "*è entrato una volta per sempre nel luogo santissimo, non con sangue di capri e di vitelli, ma con il proprio sangue. Così ci ha acquistato una redenzione eterna ...In questo caso, egli avrebbe dovuto soffrire più volte dalla creazione del mondo; ma ora, una volta sola, alla fine dei secoli, è stato manifestato per annullare il peccato con il suo sacrificio*" (Eb. 9:12,26); "*In virtù di questa «volontà» noi siamo stati santificati, mediante l'offerta del corpo di Gesù Cristo fatta una volta per sempre. Mentre ogni sacerdote sta in piedi ogni giorno a svolgere il suo servizio e offrire ripetutamente gli stessi sacrifici che non possono mai togliere i peccati, Gesù, dopo aver offerto un unico sacrificio per i peccati, e per sempre, si è seduto alla destra di Dio, e aspetta soltanto che i suoi nemici siano posti come sgabello dei suoi piedi. Infatti con un'unica offerta egli ha reso perfetti per sempre quelli che sono santificati. Anche lo Spirito Santo ce ne rende testimonianza. Infatti, dopo aver detto: «Questo è il patto che farò con loro dopo quei giorni, dice il Signore, metterò le mie leggi nei loro cuori e le scriverò nelle loro menti», egli aggiunge: «Non mi ricorderò più dei loro peccati e delle loro iniquità». Ora, dove c'è perdono di queste cose, non c'è più bisogno di offerta per il peccato*" (Eb. 10:10-18).

[222] "*Ma chi si unisce al Signore è uno spirito solo con lui*" (1 Co. 6:17); "*Il calice della benedizione, che noi benediciamo, non è forse la comunione con il sangue di Cristo? Il pane che noi*

suo vero corpo, in cielo alla destra del Padre[223] e vuole esservi adorato[224]. La messa, al contrario, insegna che i vivi e i morti non hanno la remissione dei peccati mediante la passione di Cristo, se il Cristo non viene anche sacrificato per loro ogni giorno dai sacerdoti che celebrano le messe; essa insegna, inoltre, che Cristo si trova corporalmente sotto le specie del pane e del vino e che deve esservi, di conseguenza, adorato. Così la messa non è, in definitiva, nient'altro che una negazione dell'unico sacrificio e passione di Gesù Cristo e una maledetta idolatria.

---

rompiamo, non è forse la comunione con il corpo di Cristo? Siccome vi è un unico pane, noi, che siamo molti, siamo un corpo unico, perché partecipiamo tutti a quell'unico pane" (1 Co. 10:16,17).

[223] "*Gesù le disse: «Non trattenermi, perché non sono ancora salito al Padre; ma va' dai miei fratelli, e di' loro: "Io salgo al Padre mio e Padre vostro, al Dio mio e Dio vostro"»* (Gv. 20:17); "*Ma Stefano, pieno di Spirito Santo, fissati gli occhi al cielo, vide la gloria di Dio e Gesù che stava alla sua destra, e disse: «Ecco, io vedo i cieli aperti, e il Figlio dell'uomo in piedi alla destra di Dio»*" (At. 7:55,56*); "Dio, dopo aver parlato anticamente molte volte e in molte maniere ai padri per mezzo dei profeti"; "Ora, il punto essenziale delle cose che stiamo dicendo è questo: abbiamo un sommo sacerdote tale che si è seduto alla destra del trono della Maestà nei cieli*" (Eb. 1:1; 8:1).

[224] "*Gesù le disse: «Donna, credimi; l'ora viene che né su questo monte né a Gerusalemme adorerete il Padre. Voi adorate quel che non conoscete; noi adoriamo quel che conosciamo, perché la salvezza viene dai Giudei. Ma l'ora viene, anzi è già venuta, che i veri adoratori adoreranno il Padre in spirito e verità; poiché il Padre cerca tali adoratori. Dio è Spirito; e quelli che l'adorano, bisogna che l'adorino in spirito e verità»*" (Gv. 4:21-24); "*Se dunque siete stati risuscitati con Cristo, cercate le cose di lassù dove Cristo è seduto alla destra di Dio*" (Cl. 3:1); "*...e per aspettare dai cieli il Figlio suo che egli ha risuscitato dai morti; cioè, Gesù che ci libera dall'ira imminente*" (1 Ts. 1:10).

D. 81. **Chi sono coloro che devono accostarsi alla tavola del Signore?**

R. **Coloro che sono insoddisfatti di se stessi a causa dei loro peccati, ma che credono che essi sono loro perdonati** e che la debolezza che rimane in loro è coperta **dalla passione e morte di Cristo e che desiderano anche rafforzare sempre più la loro fede e migliorare la loro vita.** Ma gli impenitenti e gli ipocriti mangiano e bevono la loro condanna[225].

D. 82. **Bisogna ammettere alla cena anche coloro che per la loro confessione e la loro vita si dimostrano increduli ed empi?**

R. **No, perché in tal modo si profana l'alleanza di Dio e si accende la sua collera contro tutta la comunità[226].** Per cui, secondo il comandamento di

---

[225] "*Che cosa sto dicendo? Che la carne sacrificata agli idoli sia qualcosa? Che un idolo sia qualcosa? Tutt'altro; io dico che le carni che i pagani sacrificano, le sacrificano ai demòni e non a Dio; ora io non voglio che abbiate comunione con i demòni. Voi non potete bere il calice del Signore e il calice dei demòni; voi non potete partecipare alla mensa del Signore e alla mensa dei demòni. O vogliamo forse provocare il Signore a gelosia? Siamo noi più forti di lui?*" (1 Co. 10:19-22); "*Poiché ogni volta che mangiate questo pane e bevete da questo calice, voi annunciate la morte del Signore, finché egli venga». Perciò, chiunque mangerà il pane o berrà dal calice del Signore indegnamente, sarà colpevole verso il corpo e il sangue del Signore. Ora ciascuno esamini sé stesso, e così mangi del pane e beva dal calice; poiché chi mangia e beve, mangia e beve un giudizio contro sé stesso, se non discerne il corpo del Signore. Per questo motivo molti fra voi sono infermi e malati, e parecchi muoiono. Ora, se esaminassimo noi stessi, non saremmo giudicati; ma quando siamo giudicati, siamo corretti dal Signore, per non essere condannati con il mondo*" (1 Co. 11:26-32).

[226] "*Ma Dio dice all'empio: Perché vai elencando le mie leggi e hai sempre sulle labbra il mio patto*" (Is. 50:16); "*Che m'importa dei vostri numerosi sacrifici?» dice il SIGNORE; «io sono sazio degli olocausti di montoni e del grasso di bestie ingrassate; il sangue dei tori, degli agnelli e dei capri, io non lo gradisco. Quando venite*

Cristo e dei Suoi Apostoli, la chiesa deve escludere, attraverso l'ufficio delle chiavi, questi increduli e questi empi finché non abbiano emendato la loro vita.

Trentunesima domenica

D. 83: **Che cos'è l'ufficio delle chiavi?**

---

a presentarvi davanti a me, chi vi ha chiesto di contaminare i miei cortili? Smettete di portare offerte inutili; l'incenso io lo detesto; e quanto ai noviluni, ai sabati, al convocare riunioni, io non posso sopportare l'iniquità unita all'assemblea solenne. L'anima mia odia i vostri noviluni e le vostre feste stabilite; mi sono un peso che sono stanco di portare. Quando stendete le mani, distolgo gli occhi da voi; anche quando moltiplicate le preghiere, io non ascolto; le vostre mani sono piene di sangue. Lavatevi, purificatevi, togliete davanti ai miei occhi la malvagità delle vostre azioni; smettete di fare il male; imparate a fare il bene; cercate la giustizia, rialzate l'oppresso, fate giustizia all'orfano, difendete la causa della vedova!" (Is. 1:11-17); "*Nel darvi queste istruzioni non vi lodo del fatto che vi radunate, non per il meglio, ma per il peggio. Poiché, prima di tutto, sento che quando vi riunite in assemblea ci sono divisioni tra voi, e in parte lo credo; infatti è necessario che ci siano tra voi anche delle divisioni, perché quelli che sono approvati siano riconosciuti tali in mezzo a voi. Quando poi vi riunite insieme, quello che fate, non è mangiare la cena del Signore; poiché, al pasto comune, ciascuno prende prima la propria cena; e mentre uno ha fame, l'altro è ubriaco. Non avete forse le vostre case per mangiare e bere? O disprezzate voi la chiesa di Dio e umiliate quelli che non hanno nulla? Che vi dirò? Devo lodarvi? In questo non vi lodo. Poiché ho ricevuto dal Signore quello che vi ho anche trasmesso; cioè, che il Signore Gesù, nella notte in cui fu tradito, prese del pane, e dopo aver reso grazie, lo ruppe e disse: «Questo è il mio corpo che è dato per voi; fate questo in memoria di me». Nello stesso modo, dopo aver cenato, prese anche il calice, dicendo: «Questo calice è il nuovo patto nel mio sangue; fate questo, ogni volta che ne berrete, in memoria di me. Poiché ogni volta che mangiate questo pane e bevete da questo calice, voi annunciate la morte del Signore, finché egli venga». Perciò, chiunque mangerà il pane o berrà dal calice del Signore indegnamente, sarà colpevole verso il corpo e il sangue del Signore. Ora ciascuno esamini sé stesso, e così mangi del pane e beva dal calice; poiché chi mangia e beve, mangia e beve un*

R. **È la predicazione del santo Vangelo e la disciplina ecclesiastica. Con questi due strumenti il regno dei cieli viene aperto ai credenti, e chiuso ai non credenti[227].**

D. 84. **In che modo viene aperto e chiuso il regno dei cieli attraverso la predicazione del santo Vangelo?**

R. **Annunciando e attestando pubblicamente, secondo l'ordine di Cristo, a tutti i fedeli in generale e a ciascuno in particolare che tutte le volte che essi accolgono la promessa del Vangelo con vera fede, sono loro veramente perdonati da Dio, a causa del merito di Cristo, tutti i loro peccati. Inoltre, al contrario, annunciando e attestando pubblicamente agli increduli e agli ipocriti che pesano su di loro, finché non si convertono, la collera di Dio e la condanna eterna.** Secondo questa testimonianza del Vangelo Dio giudicherà sia in questa vita sia nella vita futura[228].

---

giudizio contro sé stesso, se non discerne il corpo del Signore. Per questo motivo molti fra voi sono infermi e malati, e parecchi muoiono. Ora, se esaminassimo noi stessi, non saremmo giudicati; ma quando siamo giudicati, siamo corretti dal Signore, per non essere condannati con il mondo. Dunque, fratelli miei, quando vi riunite per mangiare, aspettatevi gli uni gli altri. Se qualcuno ha fame, mangi a casa, perché non vi riuniate per attirare su di voi un giudizio. Quanto alle altre cose, le regolerò quando verrò" (1 Co. 11:17-34).

[227] "*Io ti darò le chiavi del regno dei cieli; tutto ciò che legherai in terra sarà legato nei cieli, e tutto ciò che scioglierai in terra sarà sciolto nei cieli»*" (Mt. 16:19). "*Allora Gesù disse loro di nuovo: «Pace a voi! Come il Padre mi ha mandato, anch'io mando voi». Detto questo, soffiò su di loro e disse: «Ricevete lo Spirito Santo. A chi perdonerete i peccati, saranno perdonati; a chi li riterrete, saranno ritenuti»*" (Gv. 20:21-23).

[228] "*Io ti darò le chiavi del regno dei cieli; tutto ciò che legherai in terra sarà legato nei cieli, e tutto ciò che scioglierai in terra sarà sciolto nei cieli»*" (Mt. 16:19); "*Colui che viene dall'alto è sopra*

D. 85. **In che modo è aperto e chiuso il regno dei cieli mediante la disciplina ecclesiastica?**

R. **Denunciando, secondo l'ordine di Cristo, alla chiesa e a coloro che essa ha stabilito a tale scopo coloro che, spacciandosi per cristiani, insegnano o si comportano in modo non cristiano e che, nonostante ripetuti fraterni avvertimenti, non rinunciano ai loro errori o ai loro vizi. Se non si arrendono all'esortazione della chiesa o dei suoi ministri, essi sono esclusi da questi ultimi dalla comunità cristiana, mediante l'interdizione dai santi sacramenti, e, da parte di Dio stesso, dal regno di Cristo[229].**

---

tutti; colui che viene dalla terra è della terra e parla come uno che è della terra; colui che vien dal cielo è sopra tutti. Egli rende testimonianza di quello che ha visto e udito, ma nessuno riceve la sua testimonianza. Chi ha ricevuto la sua testimonianza ha confermato che Dio è veritiero. Perché colui che Dio ha mandato dice le parole di Dio; Dio infatti non dà lo Spirito con misura. Il Padre ama il Figlio, e gli ha dato ogni cosa in mano. Chi crede nel Figlio ha vita eterna, chi invece rifiuta di credere al Figlio non vedrà la vita, ma l'ira di Dio rimane su di lui»" (Gv. 3:31-36); "*Allora Gesù disse loro di nuovo: «Pace a voi! Come il Padre mi ha mandato, anch'io mando voi». Detto questo, soffiò su di loro e disse: «Ricevete lo Spirito Santo. A chi perdonerete i peccati, saranno perdonati; a chi li riterrete, saranno ritenuti»*" (Gv. 20:21-23).

[229] "*«Se tuo fratello ha peccato contro di te, va' e convincilo fra te e lui solo. Se ti ascolta, avrai guadagnato tuo fratello; ma, se non ti ascolta, prendi con te ancora una o due persone, affinché ogni parola sia confermata per bocca di due o tre testimoni. Se rifiuta d'ascoltarli, dillo alla chiesa; e, se rifiuta d'ascoltare anche la chiesa, sia per te come il pagano e il pubblicano. Io vi dico in verità che tutte le cose che legherete sulla terra, saranno legate nel cielo; e tutte le cose che scioglierete sulla terra, saranno sciolte nel cielo. E in verità vi dico anche: se due di voi sulla terra si accordano a domandare una cosa qualsiasi, quella sarà loro concessa dal Padre mio che è nei cieli. Poiché dove due o tre sono riuniti nel mio nome, lì sono io in mezzo a loro»*" (Mt. 18:15-20); "*Quanto a me, assente di persona ma presente in spirito, ho già giudicato, come se fossi presente, colui che ha commesso un tale*

Essi sono riammessi come membri di Cristo e della chiesa se promettono e dimostrano di volersi veramente ravvedere[230].

TERZA PARTE LA RICONOSCENZA

Trentaduesima domenica

D. 86. **Poiché siamo liberati dalla nostra miseria dalla grazia di Cristo, senza alcun merito da parte nostra, perché dobbiamo compiere ancora delle opere buone?**

---

atto. Nel nome del Signore Gesù, essendo insieme riuniti voi e lo spirito mio, con l'autorità del Signore nostro Gesù, ho deciso che quel tale sia consegnato a Satana, per la rovina della carne, affinché lo spirito sia salvo nel giorno del Signore Gesù ... ma quel che vi ho scritto è di non mischiarvi con chi, chiamandosi fratello, sia un fornicatore, un avaro, un idolatra, un oltraggiatore, un ubriacone, un ladro; con quelli non dovete neppure mangiare. Poiché, devo forse giudicare quelli di fuori? Non giudicate voi quelli di dentro? Quelli di fuori li giudicherà Dio. Togliete il malvagio di mezzo a voi stessi" (1 Co. 5:3-5, 11-13).

230 "*Egli dunque si alzò e tornò da suo padre; ma mentre egli era ancora lontano, suo padre lo vide e ne ebbe compassione: corse, gli si gettò al collo, lo baciò e ribaciò. E il figlio gli disse: "Padre, ho peccato contro il cielo e contro di te; non sono più degno di essere chiamato tuo figlio". Ma il padre disse ai suoi servi: "Presto, portate qui la veste più bella, e rivestitelo, mettetegli un anello al dito e dei calzari ai piedi; portate fuori il vitello ingrassato, ammazzatelo, mangiamo e facciamo festa, perché questo mio figlio era morto ed è tornato in vita; era perduto, ed è stato ritrovato". E si misero a fare gran festa*" (Lu. 15:20-24); "*Basta a quel tale la punizione inflittagli dalla maggioranza; quindi ora, al contrario, dovreste piuttosto perdonarlo e confortarlo, perché non abbia a rimanere oppresso da troppa tristezza. Perciò vi esorto a confermargli il vostro amore; poiché anche per questo vi ho scritto: per vedere alla prova se siete ubbidienti in ogni cosa. A chi voi perdonate qualcosa, perdono anch'io; perché anch'io quello che ho perdonato, se ho perdonato qualcosa, l'ho fatto per amor vostro, davanti a Cristo, affinché non siamo raggirati da Satana; infatti non ignoriamo le sue macchinazioni*" (2 Co. 2:6-11).

R. Perché, dopo averci riscattati con il suo sangue, Cristo ci rinnova con il suo Santo Spirito a Sua immagine, **affinché ci mostriamo riconoscenti verso Dio** per i suoi benefici[231] con tutta la nostra vita e lo glorifichiamo[232] (lo lodiamo): Inoltre, **affinché anche noi siamo assicurati della nostra fede mediante i frutti[233] che essa porta e affinché con**

---

[231] "*...e non prestate le vostre membra al peccato, come strumenti d'iniquità; ma presentate voi stessi a Dio, come di morti fatti viventi, e le vostre membra come strumenti di giustizia a Dio*" (Ro. 6:13); "*Vi esorto dunque, fratelli, per la misericordia di Dio, a presentare i vostri corpi in sacrificio vivente, santo, gradito a Dio; questo è il vostro culto spirituale. Non conformatevi a questo mondo, ma siate trasformati mediante il rinnovamento della vostra mente, affinché conosciate per esperienza quale sia la volontà di Dio, la buona, gradita e perfetta volontà*" (Ro. 12:1,2); "*Anche voi, come pietre viventi, siete edificati per formare una casa spirituale, un sacerdozio santo, per offrire sacrifici spirituali, graditi a Dio per mezzo di Gesù Cristo. Infatti si legge nella Scrittura: «Ecco, io pongo in Sion una pietra angolare, scelta, preziosa e chiunque crede in essa non resterà confuso». Per voi dunque che credete essa è preziosa; ma per gli increduli «la pietra che i costruttori hanno rigettata è diventata la pietra angolare, pietra d'inciampo e sasso di ostacolo». Essi, essendo disubbidienti, inciampano nella parola; e a questo sono stati anche destinati. Ma voi siete una stirpe eletta, un sacerdozio regale, una gente santa, un popolo che Dio si è acquistato, perché proclamiate le virtù di colui che vi ha chiamati dalle tenebre alla sua luce meravigliosa; voi, che prima non eravate un popolo, ma ora siete il popolo di Dio; voi, che non avevate ottenuto misericordia, ma ora avete ottenuto misericordia*" (1 Pi. 2:5-10).

[232] "*Così risplenda la vostra luce davanti agli uomini, affinché vedano le vostre buone opere e glorifichino il Padre vostro che è nei cieli*" (1 Co. 5:16); "*Non sapete che il vostro corpo è il tempio dello Spirito Santo che è in voi e che avete ricevuto da Dio? Quindi non appartenete a voi stessi. Poiché siete stati comprati a caro prezzo. Glorificate dunque Dio nel vostro corpo*" (1 Co. 6:19,20).

[233] "*Così, ogni albero buono fa frutti buoni, ma l'albero cattivo fa frutti cattivi. Un albero buono non può fare frutti cattivi, né un albero cattivo far frutti buoni*" (Mt. 7:17,18); "*Il frutto dello Spirito invece è amore, gioia, pace, pazienza, benevolenza, bontà,*

la santità della nostra condotta conquistiamo il nostro prossimo a Cristo[234].

D. 87. **Non possono essere quindi salvati coloro che non si convertono a Dio** ma persistono nella loro condotta ingrata e impenitente?

R. **In nessun modo**. La Scrittura dice, infatti: né fornicatori, né idolatri, né adùlteri, né effeminati, né sodomiti, né ladri, né avari, né ubriachi, né oltraggiatori, né rapinatori erediteranno il regno di Dio[235].

---

fedeltà, mansuetudine, autocontrollo; contro queste cose non c'è legge. Quelli che sono di Cristo hanno crocifisso la carne con le sue passioni e i suoi desideri" (Ga. 5:22-24); "*Perciò, fratelli, impegnatevi sempre di più a render sicura la vostra vocazione ed elezione; perché, così facendo, non inciamperete mai. In questo modo infatti vi sarà ampiamente concesso l'ingresso nel regno eterno del nostro Signore e Salvatore Gesù Cristo*" (2 Pi. 1:10,11).

[234] "*Voi siete la luce del mondo. Una città posta sopra un monte non può rimanere nascosta, e non si accende una lampada per metterla sotto un recipiente; anzi la si mette sul candeliere ed essa fa luce a tutti quelli che sono in casa. Così risplenda la vostra luce davanti agli uomini, affinché vedano le vostre buone opere e glorifichino il Padre vostro che è nei cieli*" (Mt. 5:14); "*...perché il regno di Dio non consiste in vivanda né in bevanda, ma è giustizia, pace e gioia nello Spirito Santo. Poiché chi serve Cristo in questo, è gradito a Dio e approvato dagli uomini. Cerchiamo dunque di conseguire le cose che contribuiscono alla pace e alla reciproca edificazione*" (Ro. 14:17-19) ."*Siate sottomessi, per amor del Signore, a ogni umana istituzione: al re, come al sovrano*" (1 Pi. 2:13); "*Anche voi, mogli, siate sottomesse ai vostri mariti perché, se anche ve ne sono che non ubbidiscono alla parola, siano guadagnati, senza parola, dalla condotta delle loro mogli, quando avranno considerato la vostra condotta casta e rispettosa*" (1 Pi. 3:1,2).

[235] "*Non sapete che gli ingiusti non erediteranno il regno di Dio? Non v'illudete; né fornicatori, né idolatri, né adùlteri, né effeminati, né sodomiti, né ladri, né avari, né ubriachi, né oltraggiatori, né rapinatori erediteranno il regno di Dio*" (1 Co. 6:9,10). "*Ora le opere della carne sono manifeste, e sono: fornicazione, impurità, dissolutezza, idolatria, stregoneria, inimicizie, discordia, gelosia, ire, contese, divisioni, sètte, invidie, ubriachezze, orge e altre*

Trentatreesima domenica

D. 88. Di quante parti si compone la vera penitenza o conversione dell'uomo?

R. **Di due parti: la mortificazione del vecchio uomo e la risurrezione dell'uomo nuovo[236].**

D. 89. **Che cos'è la mortificazione del vecchio uomo?**

---

simili cose; circa le quali, come vi ho già detto, vi preavviso: chi fa tali cose non erediterà il regno di Dio" (Ga. 5:19-21); "*Perché, sappiatelo bene, nessun fornicatore o impuro o avaro (che è un idolatra) ha eredità nel regno di Cristo e di Dio. Nessuno vi seduca con vani ragionamenti; infatti è per queste cose che l'ira di Dio viene sugli uomini ribelli*" (Ef. 5:5,6); "*Noi sappiamo che siamo passati dalla morte alla vita, perché amiamo i fratelli. Chi non ama rimane nella morte*" (Ga. 3:14).

[236] "*Che diremo dunque? Rimarremo forse nel peccato affinché la grazia abbondi? No di certo! Noi che siamo morti al peccato, come vivremmo ancora in esso? O ignorate forse che tutti noi, che siamo stati battezzati in Cristo Gesù, siamo stati battezzati nella sua morte? Siamo dunque stati sepolti con lui mediante il battesimo nella sua morte, affinché, come Cristo è stato risuscitato dai morti mediante la gloria del Padre, così anche noi camminassimo in novità di vita. Perché se siamo stati totalmente uniti a lui in una morte simile alla sua, lo saremo anche in una risurrezione simile alla sua. Sappiamo infatti che il nostro vecchio uomo è stato crocifisso con lui affinché il corpo del peccato fosse annullato e noi non serviamo più al peccato; infatti colui che è morto, è libero dal peccato. Ora, se siamo morti con Cristo, crediamo pure che vivremo con lui, sapendo che Cristo, risuscitato dai morti, non muore più; la morte non ha più potere su di lui. Poiché il suo morire fu un morire al peccato, una volta per sempre; ma il suo vivere è un vivere a Dio. Così anche voi fate conto di essere morti al peccato, ma viventi a Dio, in Cristo Gesù*" (Ro. 6:1-11); "*Purificatevi del vecchio lievito, per essere una nuova pasta, come già siete senza lievito. Poiché anche la nostra Pasqua, cioè Cristo, è stata immolata*" (1 Co. 5:7; "*Se dunque uno è in Cristo, egli è una nuova creatura; le cose vecchie sono passate: ecco, sono diventate nuove*" (2 Co. 5:17); "*...avete imparato per quanto concerne la vostra condotta di prima a spogliarvi del vecchio uomo che si corrompe seguendo le passioni ingannatrici; a essere invece rinnovati nello spirito della vostra mente e a rivestire*

R. **È essere dispiaciuto di tutto cuore per aver offeso Dio con il nostro peccato, ed odiarlo e fuggirlo** sempre più[237].

D. 90. **Che cos'è la risurrezione dell'uomo nuovo?**

R. **È rallegrarsi di tutto cuore in Dio mediante il Cristo[238] e** desiderare e amare **una vita fatta**

---

l'uomo nuovo che è creato a immagine di Dio nella giustizia e nella santità che procedono dalla verità" (Ef. 4:22-24); "*Fate dunque morire ciò che in voi è terreno: fornicazione, impurità, passioni, desideri cattivi e cupidigia, che è idolatria. Per queste cose viene l'ira di Dio [sui figli ribelli]. E così camminaste un tempo anche voi, quando vivevate in esse. Ora invece deponete anche voi tutte queste cose: ira, collera, malignità, calunnia; e non vi escano di bocca parole oscene. Non mentite gli uni agli altri, perché vi siete spogliati dell'uomo vecchio con le sue opere e vi siete rivestiti del nuovo, che si va rinnovando in conoscenza a immagine di colui che l'ha creato*" (Cl. 3:5-10).

237 "*...poiché riconosco le mie colpe, il mio peccato è sempre davanti a me. ... Ho peccato contro te, contro te solo, ho fatto ciò ch'è male agli occhi tuoi. Perciò sei giusto quando parli, e irreprensibile quando giudichi. ...Sacrificio gradito a Dio è uno spirito afflitto; tu, Dio, non disprezzi un cuore abbattuto e umiliato*" (Sl. 51:3,4,17); "*«Nondimeno, anche adesso», dice il SIGNORE, «tornate a me con tutto il vostro cuore, con digiuni, con pianti e con lamenti!». Stracciatevi il cuore, non le vesti; tornate al SIGNORE, vostro Dio, perché egli è misericordioso e pietoso, lento all'ira e pieno di bontà, e si pente del male che manda*" (Gl. 2:12,13); "*Così dunque, fratelli, non siamo debitori alla carne per vivere secondo la carne; perché se vivete secondo la carne voi morrete; ma se mediante lo Spirito fate morire le opere del corpo, voi vivrete*" (Ro. 8:12,13); "*Perché la tristezza secondo Dio produce un ravvedimento che porta alla salvezza, del quale non c'è mai da pentirsi; ma la tristezza del mondo produce la morte*" (2 Co. 7:10).

238 "*Fammi di nuovo udire canti di gioia e letizia, ed esulteranno quelle ossa che hai spezzate ... Rendimi la gioia della tua salvezza e uno spirito volenteroso mi sostenga*" (Sl. 51:8,12); "*Infatti così parla Colui che è l'Alto, l'eccelso, che abita l'eternità, e che si chiama il Santo. «Io dimoro nel luogo eccelso e santo, ma sto vicino a chi è oppresso e umile di spirito per ravvivare lo spirito*

interamente di opere buone secondo la volontà di Dio[239].

D. 91. **Quali sono dunque le opere buone?**

R. **Solo quelle che procedono da una vera fede**[240]**, che sono fatte secondo la legge di Dio**[241] **e per la sua gloria**[242] e non quelle che facciamo di testa nostra (sulla nostra propria opinione) o che si

---

degli umili, per ravvivare il cuore degli oppressi" (Is. 57:15); "*Giustificati dunque per fede, abbiamo pace con Dio per mezzo di Gesù Cristo, nostro Signore ... perché il regno di Dio non consiste in vivanda né in bevanda, ma è giustizia, pace e gioia nello Spirito Santo*" (Ro. 5:1; 14:17).

[239] "*Poiché il suo morire fu un morire al peccato, una volta per sempre; ma il suo vivere è un vivere a Dio. Così anche voi fate conto di essere morti al peccato, ma viventi a Dio, in Cristo Gesù*" (Ro. 6:10,11); "*Sono stato crocifisso con Cristo: non sono più io che vivo, ma Cristo vive in me! La vita che vivo ora nella carne, la vivo nella fede nel Figlio di Dio il quale mi ha amato e ha dato sé stesso per me*" (Ga. 2:20).

[240] "*Io sono la vite, voi siete i tralci. Colui che dimora in me e nel quale io dimoro, porta molto frutto; perché senza di me non potete far nulla*" (Gv. 15:5); "*Ma chi ha dei dubbi riguardo a ciò che mangia è condannato, perché la sua condotta non è dettata dalla fede; e tutto quello che non viene da fede è peccato*" (Ro. 14:23); "*Or senza fede è impossibile piacergli; poiché chi si accosta a Dio deve credere che egli è, e che ricompensa tutti quelli che lo cercano*" (Eb. 11:6).

[241] "*Metterete in pratica le mie prescrizioni e osserverete le mie leggi, per conformarvi a esse. Io sono il SIGNORE vostro Dio*" (Le. 18:4); "*Samuele disse: «Il SIGNORE gradisce forse gli olocausti e i sacrifici quanto l'ubbidire alla sua voce? No, l'ubbidire è meglio del sacrificio, dare ascolto vale più che il grasso dei montoni*" (1 Sa. 15:22); "*...infatti siamo opera sua, essendo stati creati in Cristo Gesù per fare le opere buone, che Dio ha precedentemente preparate affinché le pratichiamo*" (Ef. 2:10).

[242] "*Sia dunque che mangiate, sia che beviate, sia che facciate qualche altra cosa, fate tutto alla gloria di Dio*" (1 Co. 10:31).

basano su leggi umane[243] (precetti inventati dall'uomo).

Trentaquattresima domenica

Il Decalogo

D. 92. Che cosa dice la legge di Dio?

Allora Dio pronunziò tutte queste parole: «Io sono il SIGNORE, il tuo Dio, che ti ho fatto uscire dal paese d'Egitto, dalla casa di schiavitù.

1. Non avere altri dèi oltre a me.

2. Non farti scultura, né immagine alcuna delle cose che sono lassù nel cielo o quaggiù sulla terra o nelle acque sotto la terra. Non ti prostrare davanti a loro e non li servire, perché io, il SIGNORE, il tuo Dio, sono un Dio geloso; punisco l'iniquità dei padri sui figli fino alla terza e alla quarta generazione di quelli che mi odiano, e uso bontà, fino alla millesima generazione, verso quelli che mi amano e osservano i miei comandamenti.

3. Non pronunciare il nome del SIGNORE, Dio tuo, invano; perché il SIGNORE non riterrà innocente chi pronuncia il suo nome invano.

---

[243] "*Avrete cura di mettere in pratica tutte le cose che vi comando; non vi aggiungerai nulla e nulla ne toglierai*" (De. 12:32); "*Il Signore ha detto: «Poiché questo popolo si avvicina a me con la bocca e mi onora con le labbra, mentre il suo cuore è lontano da me e il timore che ha di me non è altro che un comandamento imparato dagli uomini*" (Is. 29:13*); "...ma dissi ai loro figli nel deserto: «Non camminate secondo i precetti dei vostri padri, non osservate le loro prescrizioni, non vi contaminate mediante i loro idoli! Io sono il SIGNORE, il vostro Dio; camminate secondo le mie leggi, osservate i miei precetti e metteteli in pratica*" (Ez. 20:18,19); "*Ipocriti, ben profetizzò Isaia di voi quando disse: "Questo popolo mi onora con le labbra, ma il loro cuore è lontano da me. Invano mi rendono il loro culto, insegnando dottrine che sono precetti d'uomini*" (Mt. 15:7-9).

4. Ricòrdati del giorno del riposo per santificarlo. Lavora sei giorni e fa' tutto il tuo lavoro, ma il settimo è giorno di riposo, consacrato al SIGNORE Dio tuo; non fare in esso nessun lavoro ordinario, né tu, né tuo figlio, né tua figlia, né il tuo servo, né la tua serva, né il tuo bestiame, né lo straniero che abita nella tua città; poiché in sei giorni il SIGNORE fece i cieli, la terra, il mare e tutto ciò che è in essi, e si riposò il settimo giorno; perciò il SIGNORE ha benedetto il giorno del riposo e lo ha santificato.

5.Onora tuo padre e tua madre, affinché i tuoi giorni siano prolungati sulla terra che il SIGNORE, il tuo Dio, ti dà.

6. Non uccidere.

7. Non commettere adulterio.

8. Non rubare.

9. Non attestare il falso contro il tuo prossimo.

10. Non desiderare la casa del tuo prossimo; non desiderare la moglie del tuo prossimo, né il suo servo, né la sua serva, né il suo bue, né il suo asino, né cosa alcuna del tuo prossimo»[244].

D. 93. **Come si dividono questi comandamenti?**

R. **In due tavole, la prima delle quali ci insegna, in quattro comandamenti, come dobbiamo comportarci verso Dio, la seconda, in sei comandamenti, quali sono i nostri doveri verso il nostro prossimo**[245]**.**

---

[244] Es. 20:1-17; Cfr. De. 5:6-21.

[245] *"Gesù gli disse: «"Ama il Signore Dio tuo con tutto il tuo cuore, con tutta la tua anima e con tutta la tua mente". Questo è il grande e il primo comandamento. Il secondo, simile a questo, è: "Ama il tuo prossimo come te stesso". Da questi due comandamenti dipendono tutta la legge e i profeti»"* (Mt. 22:47-40).

D. 94. **Che cosa esige Dio nel primo comandamento?**

R. Per amore della mia stessa salvezza, **devo evitare e fuggire ogni sorta di idolatria**[246], stregoneria, superstizione[247], invocazione (preghiere) dei santi o di altre creature[248]. **Devo** invece **giungere a conoscere il solo vero Dio**[249]**, porre la mia fiducia in lui solo**[250]**, sottomettermi a Lui** con ogni

---

246 "*Non sapete che gli ingiusti non erediteranno il regno di Dio? Non v'illudete; né fornicatori, né idolatri, né adùlteri, né effeminati, né sodomiti, né ladri, né avari, né ubriachi, né oltraggiatori, né rapinatori erediteranno il regno di Dio*" (1 Co. 6:9,10); "*Ma della maggior parte di loro Dio non si compiacque: infatti furono abbattuti nel deserto. Or queste cose avvennero per servire da esempio a noi, affinché non siamo bramosi di cose cattive, come lo furono costoro, e perché non diventiate idolatri come alcuni di loro, secondo quanto è scritto: «Il popolo si sedette per mangiare e bere, poi si alzò per divertirsi». Non fornichiamo come taluni di loro fornicarono e ne caddero, in un giorno solo, ventitremila. Non tentiamo il Signore, come alcuni di loro lo tentarono, e perirono, morsi dai serpenti. Non mormorate, come alcuni di loro mormorarono, e perirono colpiti dal distruttore. Ora, queste cose avvennero loro per servire da esempio e sono state scritte per ammonire noi, che ci troviamo nella fase conclusiva delle epoche. Perciò, chi pensa di stare in piedi, guardi di non cadere. Nessuna tentazione vi ha còlti, che non sia stata umana; però Dio è fedele e non permetterà che siate tentati oltre le vostre forze; ma con la tentazione vi darà anche la via d'uscirne, affinché la possiate sopportare. Perciò, miei cari, fuggite l'idolatria*" (1 Co. 10:4-14); "*Figlioli, guardatevi dagl'idoli*" (1 Gv. 5:21).

247 "*Non vi rivolgete agli spiriti, né agli indovini; non li consultate, per non contaminarvi a causa loro. Io sono il SIGNORE vostro Dio*" (Le. 19:31); "*Quando sarai entrato nel paese che il SIGNORE, il tuo Dio, ti dà, non imparerai a imitare le pratiche abominevoli di quelle nazioni. Non si trovi in mezzo a te chi fa passare suo figlio o sua figlia per il fuoco, né chi esercita la divinazione, né astrologo, né chi predice il futuro, né mago, né incantatore, né chi consulta gli spiriti, né chi dice la fortuna, né negromante, perché il SIGNORE detesta chiunque fa queste cose; a motivo di queste pratiche abominevoli, il SIGNORE, il tuo Dio, sta per scacciare quelle nazioni dinanzi a te*" (De. 18:9-12).

umiltà[251] e pazienza[252], **aspettarmi da Lui solo ogni bene[253]** e amarlo[254], onorarlo[255] e temerlo[256] di tutto cuore, al punto da rinunciare a tutte le creature piuttosto che fare la minima cosa contro la sua volontà[257].

---

[248] "*Allora Gesù gli disse: «Vattene, Satana, poiché sta scritto: "Adora il Signore Dio tuo e a Lui solo rendi il culto*" (Mt. 4:10); "*Io mi prostrai ai suoi piedi per adorarlo. Ma egli mi disse: «Guàrdati dal farlo. Io sono un servo come te e come i tuoi fratelli che custodiscono la testimonianza di Gesù: adora Dio! Perché la testimonianza di Gesù è lo spirito della profezia» .. Io, Giovanni, sono quello che ha udito e visto queste cose. E, dopo averle viste e udite, mi prostrai ai piedi dell'angelo che me le aveva mostrate, per adorarlo. Ma egli mi disse: «Guàrdati dal farlo; io sono un servo come te e come i tuoi fratelli, i profeti, e come quelli che custodiscono le parole di questo libro. Adora Dio!»*" (Ap. 19:10; 22:8,9).

[249] *"Questa è la vita eterna: che conoscano te, il solo vero Dio, e colui che tu hai mandato, Gesù Cristo"* (Gv. 17:3).

[250] *"Così parla il SIGNORE: «Maledetto l'uomo che confida nell'uomo e fa della carne il suo braccio, e il cui cuore si allontana dal SIGNORE! Egli è come una tamerice nel deserto: quando giunge il bene, egli non lo vede; abita in luoghi aridi, nel deserto, in terra salata, senza abitanti. Benedetto l'uomo che confida nel SIGNORE, per cui il SIGNORE è la sua fiducia"* (Gr. 17:5-7).

[251] *"Così anche voi, giovani, siate sottomessi agli anziani. E tutti rivestitevi di umiltà gli uni verso gli altri, perché Dio resiste ai superbi ma dà grazia agli umili. Umiliatevi dunque sotto la potente mano di Dio, affinché egli vi innalzi a suo tempo"* (1 Pi. 5:5,6).

[252] "*...non solo, ma ci gloriamo anche nelle afflizioni, sapendo che l'afflizione produce pazienza, la pazienza esperienza, e l'esperienza speranza*" (Ro. 5:3,4); "*Non mormorate, come alcuni di loro mormorarono, e perirono colpiti dal distruttore*" (1 Co. 10:10); "*Fate ogni cosa senza mormorii e senza dispute*" (Fl. 2:14); "*...fortificati in ogni cosa dalla sua gloriosa potenza, per essere sempre pazienti e perseveranti"* (Cl. 1:11); "*Infatti avete bisogno di costanza, affinché, fatta la volontà di Dio, otteniate quello che vi è stato promesso*" (Eb. 10:36).

D. 95. **Che cos'è l'idolatria?**

R. È inventare o avere, al posto del solo vero Dio che si è rivelato nella sua Parola, o accanto a lui, qualche altra cosa in cui si ripone la propria fiducia[258].

[253] "*Tutti quanti sperano in te perché tu dia loro il cibo a suo tempo. Tu lo dai loro ed essi lo raccolgono; tu apri la mano, e sono saziati di beni*" (Sl. 104:27,28*); "Io formo la luce, creo le tenebre, do il benessere, creo l'avversità; io, il SIGNORE, sono colui che fa tutte queste cose*" (Is. 45:7); "*Ogni cosa buona e ogni dono perfetto vengono dall'alto e discendono dal Padre degli astri luminosi presso il quale non c'è variazione né ombra di mutamento*" (Gm. 1:17).

[254] *"Tu amerai dunque il SIGNORE, il tuo Dio, con tutto il cuore, con tutta l'anima tua e con tutte le tue forze"* (De. 6:5).

[255] "*Temerai il SIGNORE, il tuo Dio, lo servirai e giurerai nel suo nome ... Temi il SIGNORE, il tuo Dio, servilo, tieniti stretto a lui e giura nel suo nome*" (De. 6:13; 10:20).

[256] "*...così che tu tema il tuo Dio, il SIGNORE, osservando, tutti i giorni della tua vita, tu, tuo figlio e il figlio di tuo figlio, tutte le sue leggi e tutti i suoi comandamenti che io ti do, affinché i tuoi giorni siano prolungati*" (De. 6:2*); "Poiché il SIGNORE è giusto; egli ama la giustizia; gli uomini retti contempleranno il suo volto*" (Sl. 11:7*); "Il timore del SIGNORE è il principio della scienza; gli stolti disprezzano la saggezza e l'istruzione. ... Il principio della saggezza è il timore del SIGNORE, e conoscere il Santo è l'intelligenza*" (Pr. 1:7; 9:10); "*E non temete coloro che uccidono il corpo, ma non possono uccidere l'anima; temete piuttosto colui che può far perire l'anima e il corpo nella geenna*" (Mt. 10:28*): "E se invocate come Padre colui che giudica senza favoritismi, secondo l'opera di ciascuno, comportatevi con timore durante il tempo del vostro soggiorno terreno*" (1 Pi. 1:17).

[257] "*Se dunque il tuo occhio destro ti fa cadere in peccato, cavalo e gettalo via da te; poiché è meglio per te che uno dei tuoi membri perisca, piuttosto che vada nella geenna tutto il tuo corpo. E se la tua mano destra ti fa cadere in peccato, tagliala e gettala via da te; poiché è meglio per te che uno dei tuoi membri perisca, piuttosto che vada nella geenna tutto il tuo corpo ... Chi ama*

Trentacinquesima domenica

D. 96. **Qual è la volontà di Dio nel secondo comandamento?**

R. **Che noi non raffiguriamo Dio in alcun modo**[259] **e che non gli rendiamo altro culto se**

---

padre o madre più di me, non è degno di me; e chi ama figlio o figlia più di me, non è degno di me. Chi non prende la sua croce e non viene dietro a me, non è degno di me. Chi avrà trovato la sua vita la perderà; e chi avrà perduto la sua vita per causa mia, la troverà" (Mt. 5:29,30; 10:37-39); "*Ma Pietro e gli altri apostoli risposero: «Bisogna ubbidire a Dio anziché agli uomini*" (At. 5:29).

[258] "*Poiché tutti gli dèi dei popoli son idoli vani, ma il SIGNORE ha fatto i cieli*" *(1 Cr. 16:26)*; "*In quel tempo, è vero, non avendo conoscenza di Dio, avete servito quelli che per natura non sono dèi, ma ora che avete conosciuto Dio, o piuttosto che siete stati conosciuti da Dio, come mai vi rivolgete di nuovo ai deboli e poveri elementi, di cui volete rendervi schiavi di nuovo?*" (Ga. 4:8,9*);* "*Perché, sappiatelo bene, nessun fornicatore o impuro o avaro (che è un idolatra) ha eredità nel regno di Cristo e di Dio*" (Ef. 5:5); "*...la fine dei quali è la perdizione; il loro dio è il ventre e la loro gloria è in ciò che torna a loro vergogna; gente che ha l'animo alle cose della terra*" (Fl. 3:19).

[259] "*Siccome non vedeste nessuna figura il giorno che il SIGNORE vi parlò in Oreb dal fuoco, badate bene a voi stessi, affinché non vi corrompiate e non vi facciate qualche scultura, la rappresentazione di qualche idolo, la figura di un uomo o di una donna, la figura di uno degli animali della terra, la figura di un uccello che vola nei cieli, la figura di una bestia che striscia sul suolo, la figura di un pesce che vive nelle acque sotto la terra; e anche affinché, alzando gli occhi al cielo e vedendo il sole, la luna, le stelle, tutto l'esercito celeste, tu non ti senta attratto a prostrarti davanti a quelle cose e a offrire loro un culto, perché quelle sono le cose che il SIGNORE, il tuo Dio, ha lasciato per tutti i popoli che sono sotto tutti i cieli*" (De. 4:15-19). "*A chi vorreste assomigliare Dio? Con quale immagine lo rappresentereste? Un artista fonde l'idolo, l'orafo lo ricopre d'oro e vi salda delle catenelle d'argento. Colui che la povertà costringe a offrir poco sceglie un legno che non marcisca, e si procura un abile artigiano, per fare un idolo che non vacilli. Ma non lo sapete? Non l'avete*

non quello che egli ha comandato nella sua Parola[260].

D. 97. **Non si deve fare quindi nessuna immagine?**

R. **Dio non può né deve essere raffigurato in alcun modo**. Quanto alle creature, pur essendo possibile raffigurarle, Dio proibisce di farne o di

---

sentito? Non vi è stato annunziato fin dal principio? Non avete riflettuto sulla fondazione della terra? Egli è assiso sulla volta della terra, da lì gli abitanti appaiono come cavallette; egli distende i cieli come una cortina e li spiega come una tenda per abitarvi; egli riduce i prìncipi a nulla, e annienta i giudici della terra; appena piantati, appena seminati, appena il loro fusto ha preso radici in terra, egli vi soffia contro, e quelli inaridiscono e l'uragano li porta via come stoppia. «A chi dunque mi vorreste assomigliare, a chi sarei io uguale?» dice il Santo" (Is. 40:18-25); "*Nadab e Abiu figli d'Aaronne, presero ciascuno il suo turibolo, vi misero dentro del fuoco, vi posero sopra dell'incenso, e offrirono davanti al SIGNORE del fuoco estraneo, diverso da ciò che egli aveva loro ordinato. Allora un fuoco uscì dalla presenza del SIGNORE e li divorò; così morirono davanti al SIGNORE. Allora Mosè disse ad Aaronne: «Questo è quello di cui il SIGNORE ha parlato, quando ha detto: "Io sarò santificato per mezzo di quelli che mi stanno vicino e sarò glorificato in presenza di tutto il popolo"». Aaronne tacque. Mosè chiamò Misael e Elsafan, figli di Uziel, zio d'Aaronne e disse loro: «Avvicinatevi, portate via i vostri fratelli dal santuario, fuori dall'accampamento». Essi si avvicinarono e li portarono via nelle loro tuniche, fuori dall'accampamento, come Mosè aveva detto. Mosè disse ad Aaronne, a Eleazar e a Itamar, suoi figli: «Non andate a capo scoperto e non vi stracciate le vesti, affinché non moriate, e il SIGNORE non si adiri contro tutta la comunità; ma i vostri fratelli, tutta quanta la casa d'Israele, facciano pure cordoglio per quelli che il SIGNORE ha bruciati. Non vi allontanate dall'ingresso della tenda di convegno, altrimenti morirete; perché l'olio dell'unzione del SIGNORE è su di voi». Ed essi fecero come Mosè aveva detto*" (Le. 10:1-7). "*Essendo dunque discendenza di Dio, non dobbiamo credere che la divinità sia simile a oro, ad argento, o a pietra scolpita dall'arte e dall'immaginazione umana*" (At.1 7:29); "*...e hanno mutato la gloria del Dio incorruttibile in immagini simili a quelle dell'uomo corruttibile, di uccelli, di quadrupedi e di rettili*" (Ro. 1:23).

possederne immagini destinate a essere onorate o usate nel culto che gli è reso[261].

D. 98. **Non si possono tollerare nelle chiese le immagini** come libri per gli incolti?

R. **No**, poiché non dobbiamo essere più sapienti di **Dio**, il quale **vuole istruire la sua chiesa** non per

---

[260] "*Nadab e Abiu figli d'Aaronne, presero ciascuno il suo turibolo, vi misero dentro del fuoco, vi posero sopra dell'incenso, e offrirono davanti al SIGNORE del fuoco estraneo, diverso da ciò che egli aveva loro ordinato. Allora un fuoco uscì dalla presenza del SIGNORE e li divorò; così morirono davanti al SIGNORE. Allora Mosè disse ad Aaronne: «Questo è quello di cui il SIGNORE ha parlato, quando ha detto: "Io sarò santificato per mezzo di quelli che mi stanno vicino e sarò glorificato in presenza di tutto il popolo"». Aaronne tacque. Mosè chiamò Misael e Elsafan, figli di Uziel, zio d'Aaronne e disse loro: «Avvicinatevi, portate via i vostri fratelli dal santuario, fuori dall'accampamento». Essi si avvicinarono e li portarono via nelle loro tuniche, fuori dall'accampamento, come Mosè aveva detto. Mosè disse ad Aaronne, a Eleazar e a Itamar, suoi figli: «Non andate a capo scoperto e non vi tracciate le vesti, affinché non moriate, e il SIGNORE non si adiri contro tutta la comunità; ma i vostri fratelli, tutta quanta la casa d'Israele, facciano pure cordoglio per quelli che il SIGNORE ha bruciati. Non vi allontanate dall'ingresso della tenda di convegno, altrimenti morirete; perché l'olio dell'unzione del SIGNORE è su di voi». Ed essi fecero come Mosè aveva detto*" (Le. 10:1-7); "*...guàrdati bene dal cadere nel laccio seguendo il loro esempio, dopo che saranno state distrutte davanti a te, e dall'informarti sui loro dèi, dicendo: «Come servivano i loro dèi queste nazioni? Anch'io voglio fare lo stesso»*" (De. 12:30); "*Samuele disse: «Il SIGNORE gradisce forse gli olocausti e i sacrifici quanto l'ubbidire alla sua voce? No, l'ubbidire è meglio del sacrificio, dare ascolto vale più che il grasso dei montoni; infatti la ribellione è come il peccato della divinazione, e l'ostinatezza è come l'adorazione degli idoli e degli dèi domestici. Poiché tu hai rigettato la parola del SIGNORE, anch'egli ti rigetta come re»*" (1 Sa. 15:22,23); "*Invano mi rendono il loro culto, insegnando dottrine che sono precetti d'uomini"»*" (Mt. 15:9); "*Ma l'ora viene, anzi è già venuta, che i veri adoratori adoreranno il Padre in spirito e verità; poiché il Padre cerca tali adoratori. Dio è Spirito; e quelli che l'adorano, bisogna che l'adorino in spirito e verità»*" (Gv.

mezzo d'idoli (immagini mute)[262], ma **attraverso la viva predicazione della sua Parola[263]**.

4:23,24).

[261] "*...ma demolite i loro altari, frantumate le loro colonne, abbattete i loro idoli; tu non onorerai altro dio, perché il SIGNORE, che si chiama il Geloso, è un Dio geloso. ...Non ti farai dèi di metallo fuso" (Is. 34:13,14,17); "..scaccerete d'innanzi a voi tutti gli abitanti del paese, distruggerete tutte le loro immagini, distruggerete tutte le loro statue di metallo fuso e demolirete tutti i loro luoghi sacri*" (Nu. 33:52); "*Soppresse gli alti luoghi, frantumò le statue, abbatté l'idolo d'Astarte, e fece a pezzi il serpente di rame che Mosè aveva fatto; perché fino a quel tempo i figli d'Israele gli avevano offerto incenso; lo chiamò Neustan. Egli mise la sua fiducia nel SIGNORE, Dio d'Israele; e fra tutti i re di Giuda che vennero dopo di lui o che lo precedettero, non ve ne fu nessuno simile a lui*" (2 Re 18:4,5); "*«A chi dunque mi vorreste assomigliare, a chi sarei io uguale?» dice il Santo*" (Is. 40:25).

[262] "*Ma costoro tutti insieme sono stupidi e insensati; non è che una dottrina di vanità; non è altro che legno*" (Gr. 1:8); "*A che serve l'immagine scolpita, perché l'artefice la scolpisca? A che serve l'immagine fusa che insegna la menzogna, perché l'artefice confidi nel suo lavoro e fabbrichi idoli muti? Guai a chi dice al legno: "Svègliati!" e alla pietra muta: "Àlzati!"* **Può questa istruire?** *Ecco, è ricoperta d'oro e d'argento, ma non c'è in lei nessuno spirito. Ma il SIGNORE è nel suo tempio santo; tutta la terra faccia silenzio in sua presenza!»*" (Ab. 2:18-20).

[263] "*Ora, come invocheranno colui nel quale non hanno creduto? E come crederanno in colui del quale non hanno sentito parlare? E come potranno sentirne parlare, se non c'è chi lo annunzi? E come annunzieranno se non sono mandati? Com'è scritto: «Quanto sono belli i piedi di quelli che annunziano buone notizie!» ...Così la fede viene da ciò che si ascolta, e ciò che si ascolta viene dalla parola di Cristo*" (Ro. 10:14,15,17); "*Ogni Scrittura è ispirata da Dio e utile a insegnare, a riprendere, a correggere, a educare alla giustizia, perché l'uomo di Dio sia completo e ben preparato per ogni opera buona*" (2 Ti. 3:16,17); "*Abbiamo inoltre la parola*

Trentaseiesima e trentasettesima domenica

D. 99. **Che cosa vuole il terzo comandamento?**

R. **Che non bestemmiamo né profaniamo il nome di Dio**, imprecando[264] o prestando falsi giuramenti[265] o giurando senza alcuna necessità[266] **e che non ci rendiamo neppure complici di un così orribile peccato con il nostro silenzio e la nostra connivenza** (assistendo in silenzio alla bestemmia)[267].

---

profetica più salda: farete bene a prestarle attenzione, come a una lampada splendente in luogo oscuro, fino a quando spunti il giorno e la stella mattutina sorga nei vostri cuori" (1 Pi. 1:19).

[264] "*Il figlio di una donna israelita e di un Egiziano, trovandosi in mezzo a degli Israeliti, venne a diverbio con un figlio d'Israele. Il figlio della israelita bestemmiò il nome del SIGNORE e lo maledisse; perciò fu condotto da Mosè. La madre di quel tale si chiamava Selomit ed era figlia di Dibri, della tribù di Dan. Lo misero in prigione, in attesa di sapere che cosa il SIGNORE ordinasse di fare. E il SIGNORE parlò a Mosè, e gli disse: «Conduci quel bestemmiatore fuori dal campo; tutti quelli che lo hanno udito posino le mani sul suo capo e tutta la comunità lo lapidi. Poi dirai ai figli d'Israele: "Chiunque maledirà il suo Dio porterà la pena del suo peccato. Chi bestemmia il nome del SIGNORE dovrà essere messo a morte; tutta la comunità lo dovrà lapidare. Sia straniero o nativo del paese, se bestemmia il nome del SIGNORE, sarà messo a morte*" (Le. 24:10-16).

[265] "*Non giurerete il falso, usando il mio nome; perché profanereste il nome del vostro Dio. Io sono il SIGNORE*" (Le. 19.12).

[266] "*Ma il vostro parlare sia: "Sì, sì; no, no"; poiché il di più viene dal maligno*" (Mt. 5:37); "*Soprattutto, fratelli miei, non giurate né per il cielo, né per la terra, né con altro giuramento; ma il vostro sì, sia sì, e il vostro no, sia no, affinché non cadiate sotto il giudizio*" (Gm. 5:12).

[267] "*Una persona pecca se, udite le parole di giuramento, quale testimone non dichiara ciò che ha visto o ciò che sa. Porterà la propria colpa*" (Le. 5:1); "*Chi fa società con il ladro odia sé stesso; egli ode la maledizione e non dice nulla*" (Pr. 29:24).

In una parola, **che non abbiamo in bocca il santo nome di Dio se non con timore e venerazione**[268], affinché esso sia veramente confessato[269], invocato[270] e glorificato in ogni nostra parola ed opera[271].

D. 100. **Il bestemmiare il nome di Dio, giurando e imprecando, è quindi un peccato così grande** che Dio s'irrita anche contro coloro che non

---

[268] "*Il SIGNORE regna: tremino i popoli. Egli siede sui cherubini: la terra è scossa. Il SIGNORE è grande in Sion, eccelso sopra tutti i popoli. Lodino essi il tuo nome grande e tremendo. Egli è santo. Lodino la forza del Re che ama la giustizia; sei tu che hai stabilito il diritto, che hai esercitato in Giacobbe il giudizio e la giustizia. Esaltate il SIGNORE, il nostro Dio, e prostratevi davanti allo sgabello dei suoi piedi. Egli è santo*" (Sl.99:1-5*); "Per me stesso io l'ho giurato; è uscita dalla mia bocca una parola di giustizia, e non sarà revocata: Ogni ginocchio si piegherà davanti a me, ogni lingua mi presterà giuramento*" (Is. 45:23); "*...se giuri per il SIGNORE che vive, con verità, con rettitudine e con giustizia, allora le nazioni saranno benedette in lui e in lui si glorieranno»*" (Gr. 4:2).

[269] "*Chi dunque mi riconoscerà davanti agli uomini, anch'io riconoscerò lui davanti al Padre mio che è nei cieli. Ma chiunque mi rinnegherà davanti agli uomini, anch'io rinnegherò lui davanti al Padre mio che è nei cieli*" (Mt. 10:32,22); "*...perché, se con la bocca avrai confessato Gesù come Signore e avrai creduto con il cuore che Dio lo ha risuscitato dai morti, sarai salvato; infatti con il cuore si crede per ottenere la giustizia e con la bocca si fa confessione per essere salvati*" (Ro. 10:9,10).

[270] "*Come sacrificio offri a Dio il ringraziamento, e mantieni le promesse fatte al SIGNORE; poi invocami nel giorno della sventura; io ti salverò, e tu mi glorificherai»*" (Sl. 50:14,15); "*Io voglio dunque che gli uomini preghino in ogni luogo, alzando mani pure, senza ira e senza dispute*" (1 Ti. 2:8).

[271] "*Infatti, com'è scritto: «Il nome di Dio è bestemmiato per causa vostra fra gli stranieri»*" (Ro. 4:24); "*Qualunque cosa facciate, in parole o in opere, fate ogni cosa nel nome del Signore Gesù ringraziando Dio Padre per mezzo di lui*" (Cl. 3:17); "*Tutti quelli che sono sotto il giogo della schiavitù, stimino i loro padroni degni di ogni onore, perché il nome di Dio e la dottrina non vengano bestemmiati*" (1 Ti. 6:1).

contribuiscono per quanto è in loro potere a impedirlo e ad interdirlo?

R. **Sì, certamente[272]. Non vi è, infatti, maggior peccato, né cosa che irriti maggiormente Dio**, del fatto di bestemmiare il suo nome. Per questo egli ha anche ordinato di punirlo con la morte[273].

D. 101. **Si può ciononostante prestare giuramento usando il nome di Dio senza mettere a repentaglio la propria salvezza?**

R. **Sì, quando il governo lo richiede ai suoi sudditi o la necessità lo esige** per conservare e promuovere la fedeltà e la verità, per la gloria di Dio e la salvezza del prossimo. Tali giuramenti sono basati infatti sulla parola di Dio[274], e, di conseguenza, i santi, sia sotto l'antica che sotto la nuova alleanza[275], ne hanno fatto un giusto uso.

---

[272] "*Una persona pecca se, udite le parole di giuramento, quale testimone non dichiara ciò che ha visto o ciò che sa. Porterà la propria colpa*" (Le. 5:1).

[273]"*Chi bestemmia il nome del SIGNORE dovrà essere messo a morte; tutta la comunità lo dovrà lapidare. Sia straniero o nativo del paese, se bestemmia il nome del SIGNORE, sarà messo a morte*" (Le. 24:16).

[274] "*Temerai il SIGNORE, il tuo Dio, lo servirai e giurerai nel suo nome" (De. 6:13); "Temi il SIGNORE, il tuo Dio, servilo, tieniti stretto a lui e giura nel suo nome*" (De. 10:20); "*«Israele, se tu torni», dice il SIGNORE, «se tu torni da me, se togli dalla mia presenza le tue abominazioni, se non vai più vagando qua e là, se giuri per il SIGNORE che vive, con verità, con rettitudine e con giustizia, allora le nazioni saranno benedette in lui e in lui si glorieranno»*" (Gr. 4:1,2); "*Infatti gli uomini giurano per qualcuno maggiore di loro; e per essi il giuramento è la conferma che pone fine a ogni contestazione*" (Eb. 4:1,2).

[275] "*Abraamo rispose: «Lo giuro»*" (Ge. 21:24); "*Il Dio d'Abraamo e il Dio di Naor, il Dio del padre loro, sia giudice tra di noi!» Giacobbe giurò per il Terrore d'Isacco suo padre*" (Ge. 31:53); "*Giosuè fece pace con loro e stabilì con loro un patto per il quale avrebbe lasciato loro la vita; e i capi della comunità lo giurarono loro*" (Gs. 9:15).

D. 102. Si può prestare giuramento anche mediante i santi o altre creature?

R. No. Un giuramento legittimo è infatti un'invocazione di Dio perché lui, che solo conosce i cuori, voglia rendere testimonianza alla verità e punirmi se ne presto un falso[276]; ora un tale onore non spetta di diritto a nessuna creatura[277]

Trentottesima domenica

D. 103. **Che cosa esige Dio nel quarto comandamento?**

R. **Dio vuole anzitutto che si conservino il ministero della Parola e le scuole[278], e che io**

---

[276] "*Dico la verità in Cristo, non mento - poiché la mia coscienza me lo conferma per mezzo dello Spirito Santo*" (Ro. 9:1); "*Ora io chiamo Dio come testimone sulla mia vita che è per risparmiarvi che non sono più venuto a Corinto*" (2 Co. 1:23).

[277] "*Ma io vi dico: non giurate affatto, né per il cielo, perché è il trono di Dio; né per la terra, perché è lo sgabello dei suoi piedi; né per Gerusalemme, perché è la città del gran Re. Non giurare neppure per il tuo capo, poiché tu non puoi far diventare un solo capello bianco o nero. Ma il vostro parlare sia: "Sì, sì; no, no"; poiché il di più viene dal maligno*" (Mt. 5:34-37); "*Guai a voi, guide cieche, che dite: Se uno giura per il tempio, non importa; ma se giura per l'oro del tempio, resta obbligato. Stolti e ciechi! Che cosa è più grande: l'oro o il tempio che santifica l'oro? E se uno, voi dite, giura per l'altare, non importa; ma se giura per l'offerta che c'è sopra, resta obbligato. Ciechi! Che cosa è più grande: l'offerta o l'altare che santifica l'offerta? Chi dunque giura per l'altare, giura per esso e per tutto quello che c'è sopra; e chi giura per il tempio, giura per esso e per Colui che lo abita; e chi giura per il cielo, giura per il trono di Dio e per Colui che vi siede sopra*" (Mt. 23:16-22).

[278] "*Ascolta, Israele: Il SIGNORE, il nostro Dio, è l'unico SIGNORE. Tu amerai dunque il SIGNORE, il tuo Dio, con tutto il cuore, con tutta l'anima tua e con tutte le tue forze.. Questi comandamenti, che oggi ti do, ti staranno nel cuore; li inculcherai ai tuoi figli, ne parlerai quando te ne starai seduto in casa tua, quando sarai per via, quando ti coricherai e quando ti alzerai. Te li legherai alla mano come un segno, te li metterai sulla fronte in mezzo agli*

frequenti assiduamente la Chiesa di Dio[279], soprattutto il giorno festivo, per ricevervi la parola di Dio[280] e per partecipare ai santi sacramenti[281], per invocare pubblicamente il Signore[282] e per dare offerte cristiane ai poveri[283]. Dio vuole, in secondo luogo, che tutti i giorni della mia vita io cessi di compiere le mie cattive azioni, per lasciare che il Signore operi in me

---

occhi e li scriverai sugli stipiti della tua casa e sulle porte della tua città (...) Quando in avvenire tuo figlio ti domanderà: «Che significano queste istruzioni, queste leggi e queste prescrizioni che il SIGNORE, il nostro Dio, vi ha date?». Tu risponderai a tuo figlio: «Eravamo schiavi del faraone in Egitto e il SIGNORE ci fece uscire dall'Egitto con mano potente. Il SIGNORE operò sotto i nostri occhi miracoli e prodigi grandi e disastrosi contro l'Egitto, contro il faraone e contro tutta la sua casa, e ci fece uscire di là per condurci nel paese che aveva giurato ai nostri padri di darci. Il SIGNORE ci ordinò di mettere in pratica tutte queste leggi e di temere il SIGNORE, il nostro Dio, affinché venisse a noi del bene sempre ed egli ci conservasse in vita, come ha fatto finora. Questa sarà la nostra giustizia: l'aver cura di mettere in pratica tutti questi comandamenti davanti al SIGNORE nostro Dio, come egli ci ha ordinato»" (De. 6:4-9,20-25); "Non sapete che quelli che fanno il servizio sacro mangiano ciò che è offerto nel tempio? E che coloro che attendono all'altare, hanno parte all'altare? Similmente, il Signore ha ordinato che coloro che annunziano il Vangelo vivano del Vangelo" (1 Co. 9:13,15); "*...e le cose che hai udite da me in presenza di molti testimoni, affidale a uomini fedeli, che siano capaci di insegnarle anche ad altri. Ma gli uomini malvagi e gli impostori andranno di male in peggio, ingannando gli altri ed essendo ingannati*" (2 Ti. 2:2); "Tu, invece, persevera nelle cose che hai imparate e di cui hai acquistato la certezza, sapendo da chi le hai imparate, e che fin da bambino hai avuto conoscenza delle Sacre Scritture, le quali possono darti la sapienza che conduce alla salvezza mediante la fede in Cristo Gesù. Ogni Scrittura è ispirata da Dio e utile a insegnare, a riprendere, a correggere, a educare alla giustizia, perché l'uomo di Dio sia completo e ben preparato per ogni opera buona" (2 Ti. 3:13-17); "*Per questa ragione ti ho lasciato a Creta: perché tu metta ordine nelle cose che rimangono da fare, e costituisca degli anziani in ogni città, secondo le mie istruzioni*" (Tt. 1:5).

[279] Deuteronomio 12:5-12; "*Ho proclamato la tua giustizia nella grande assemblea; ecco, io non tengo chiuse le mie labbra; o*

mediante il suo Spirito e io cominci così in questa vita a vivere il sabato eterno[284].

Trentanovesima domenica

D. 104. **Che cosa esige Dio nel quinto comandamento?**

SIGNORE, tu lo sai. Non ho tenuto nascosta la tua giustizia nel mio cuore; ho raccontato la tua fedeltà e la tua salvezza; non ho celato la tua benevolenza né la tua verità alla grande assemblea" (Sl. 40:9,10); "Benedite Dio nelle assemblee, benedite il Signore, voi che siete della stirpe d'Israele!" (Sl. 68:26); "*Ed erano perseveranti nell'ascoltare l'insegnamento degli apostoli e nella comunione fraterna, nel rompere il pane e nelle preghiere. Ognuno era preso da timore; e molti prodigi e segni erano fatti dagli apostoli. Tutti quelli che credevano stavano insieme e avevano ogni cosa in comune; vendevano le proprietà e i beni, e li distribuivano a tutti, secondo il bisogno di ciascuno. E ogni giorno andavano assidui e concordi al tempio, rompevano il pane nelle case e prendevano il loro cibo insieme, con gioia e semplicità di cuore, lodando Dio e godendo il favore di tutto il popolo. Il Signore aggiungeva ogni giorno alla loro comunità quelli che venivano salvati*" (At. 2:42-47); "*Manteniamo ferma la confessione della nostra speranza, senza vacillare; perché fedele è colui che ha fatto le promesse. Facciamo attenzione gli uni agli altri per incitarci all'amore e alle buone opere, non abbandonando la nostra comune adunanza come alcuni sono soliti fare, ma esortandoci a vicenda; tanto più che vedete avvicinarsi il giorno*" (Eb. 10:23).

[280] **Romani 10:14-17; 1 Corinzi 14:26-33**; "*Àpplicati, finché io venga, alla lettura, all'esortazione, all'insegnamento*" (1 Ti. 4:13).

[281] "*Poiché ho ricevuto dal Signore quello che vi ho anche trasmesso; cioè, che il Signore Gesù, nella notte in cui fu tradito, prese del pane, e dopo aver reso grazie, lo ruppe e disse: «Questo è il mio corpo che è dato per voi; fate questo in memoria di me»*" (1 Co. 11:23,24).

[282] "*La parola di Cristo abiti in voi abbondantemente; istruitevi ed esortatevi gli uni gli altri con ogni sapienza; cantate di cuore a Dio, sotto l'impulso della grazia, salmi, inni e cantici spirituali*" (Cl. 3:16); "*Esorto dunque, prima di ogni altra cosa, che si facciano suppliche, preghiere, intercessioni, ringraziamenti per tutti gli*

R. **Che renda a mio padre e a mia madre, e a tutti i miei superiori, onore, amore e fedeltà** e mi sottometta con la dovuta obbedienza a tutte le loro buone istruzioni e correzioni[285], sopportando anche pazientemente i loro difetti[286] dal momento che Dio vuole governarci attraverso di loro[287].

---

uomini" (1 Ti. 2:1).

[283] "*Come sacrificio offri a Dio il ringraziamento, e mantieni le promesse fatte al SIGNORE*" (Sl. 50:14); "*Ogni primo giorno della settimana ciascuno di voi, a casa, metta da parte quello che potrà secondo la prosperità concessagli, affinché, quando verrò, non ci siano più collette da fare*" (1 Co. 16:2). **2 Corinzi 8:1-9:15.**

[284] "*Avverrà che, di novilunio in novilunio e di sabato in sabato, ogni carne verrà a prostrarsi davanti a me», dice il SIGNORE*" (Is. 66:23); "*Rimane dunque un riposo sabatico per il popolo di Dio; infatti chi entra nel riposo di Dio si riposa anche lui dalle opere proprie, come Dio si riposò dalle sue. Sforziamoci dunque di entrare in quel riposo, affinché nessuno cada seguendo lo stesso esempio di disubbidienza*" (Eb. 4:9-11).

[285] "*Chi maledice suo padre o sua madre dev'essere messo a morte*" (Es.21:17); "*Ascolta, figlio mio, l'istruzione di tuo padre e non rifiutare l'insegnamento di tua madre*" (Pr. 1:8*); "Figlioli, ascoltate l'istruzione di un padre, state attenti a imparare il discernimento*" (Pr. 4:1*); "Ogni persona stia sottomessa alle autorità superiori; perché non vi è autorità se non da Dio; e le autorità che esistono, sono stabilite da Dio. Perciò chi resiste all'autorità si oppone all'ordine di Dio; quelli che vi si oppongono si attireranno addosso una condanna*" (Ro. 13:1,2); "*...sottomettendovi gli uni agli altri nel timore di Cristo*" (Ef. 5:21); "*Mogli, siate sottomesse ai vostri mariti, come al Signore*" (Ef. 5:22). **Efesini 6:1-9; Colossesi 3:18-4:1.**

[286] "*Chi maledice suo padre e sua madre, avrà la lucerna spenta nelle tenebre più fitte*" *(Pr. 20:*"*Chi maledice suo padre o sua madre dev'essere messo a morte*" (Es.21:17); "*Ascolta, figlio mio, l'istruzione di tuo padre e non rifiutare l'insegnamento di tua madre*" *(Pr. 1:8);* "*Figlioli, ascoltate l'istruzione di un padre, state attenti a imparare il discernimento*" (Pr. 4:1); "*Ogni persona stia sottomessa alle autorità superiori; perché non vi è autorità se non da Dio; e le autorità che esistono, sono stabilite da Dio. Perciò chi*

Quarantesima domenica

D. 105. **Che cosa esige Dio nel sesto comandamento?**

R. **Che non ingiuri, odi, offenda o uccida il mio prossimo in pensieri, parole o gesti e tanto meno in atti**, sia io stesso, sia per interposta persona[288], ma che rinunci ad ogni desiderio di vendetta[289]; così pure, che io non faccia del male a me

---

resiste all'autorità si oppone all'ordine di Dio; quelli che vi si oppongono si attireranno addosso una condanna" (Ro. 13:1,2); "*...sottomettendovi gli uni agli altri nel timore di Cristo*" (Ef. 5:21); "*Mogli, siate sottomesse ai vostri mariti, come al Signore*" (Ef. 5:22).20); "*Dà retta a tuo padre che ti ha generato, e non disprezzare tua madre quando sarà vecchia*" (Pr.23:22); "*Domestici, siate con ogni timore sottomessi ai vostri padroni; non solo ai buoni e ragionevoli, ma anche a quelli che sono difficili*" (1 Pi. 2:18).

287 "*Gli risposero: «Di Cesare». E Gesù disse loro: «Rendete dunque a Cesare quello che è di Cesare, e a Dio quello che è di Dio»*" (Mt..22:21); "*Mogli, siate sottomesse ai vostri mariti, come si conviene nel Signore. Mariti, amate le vostre mogli, e non v'inasprite contro di loro. Figli, ubbidite ai vostri genitori in ogni cosa, poiché questo è gradito al Signore. Padri, non irritate i vostri figli, affinché non si scoraggino*" (Cl. 3:18-21); **Romani 13:1-8; Efesini 6:1-9.**

288 "*Il sangue di chiunque spargerà il sangue dell'uomo sarà sparso dall'uomo, perché Dio ha fatto l'uomo a sua immagine*" (Ge, 9:6); "*Non odierai tuo fratello nel tuo cuore; rimprovera pure il tuo prossimo, ma non ti caricare di un peccato a causa sua. Non ti vendicherai e non serberai rancore contro i figli del tuo popolo, ma amerai il prossimo tuo come te stesso. Io sono il SIGNORE*" (Le. 19:17,18); "*Voi avete udito che fu detto agli antichi: "Non uccidere: chiunque avrà ucciso sarà sottoposto al tribunale, ma io vi dico: chiunque si adira contro suo fratello sarà sottoposto al tribunale; e chi avrà detto a suo fratello: "Raca" sarà sottoposto al sinedrio; e chi gli avrà detto: "Pazzo!" sarà condannato alla geenna del fuoco*" (Mt. 5:21,22); "*Allora Gesù gli disse: «Riponi la tua spada al suo posto, perché tutti quelli che prendono la spada, periranno di spada*" (Mt. 26:52).

stesso né m'esponga al pericolo[290]. È questa la ragione per cui il magistrato porta la spada, per impedire qualsiasi omicidio[291].

D. 106. **Questo comandamento parla solo dell'omicidio?**

R. **Proibendo l'omicidio, Dio vuole insegnarci che egli ne odia la radice**, come l'invidia, l'odio, la

---

[289] "*Se il tuo nemico ha fame, dagli del pane da mangiare; se ha sete, dagli dell'acqua da bere; perché, così, radunerai dei carboni accesi sul suo capo, e il SIGNORE ti ricompenserà*" (Mt. 25:21,22); "*Così vi farà anche il Padre mio celeste, se ognuno di voi non perdona di cuore al proprio fratello*" (Mt. 18:35*); "Non fate le vostre vendette, miei cari, ma cedete il posto all'ira di Dio; poiché sta scritto: «A me la vendetta; io darò la retribuzione», dice il Signore*" (Ro. 12:19); "*Adiratevi e non peccate; il sole non tramonti sopra la vostra ira*" (Ef. 4:26).

[290] "*Gesù gli rispose: «È altresì scritto:* "*Non tentare il Signore Dio tuo*"»" (Mt. 4:7); "*Allora Gesù gli disse: «Riponi la tua spada al suo posto, perché tutti quelli che prendono la spada, periranno di spada*" (Mt. 26:52); "*Non c'è nessuno che capisca, non c'è nessuno che cerchi Dio. Tutti si sono sviati, tutti quanti si sono corrotti. Non c'è nessuno che pratichi la bontà, no, neppure uno». «La loro gola è un sepolcro aperto; con le loro lingue hanno tramato frode». Sotto le loro labbra c'è un veleno di serpenti». «La loro bocca è piena di maledizione e di amarezza»*" (Ro. 3:11-14).

[291] "*Il sangue di chiunque spargerà il sangue dell'uomo sarà sparso dall'uomo, perché Dio ha fatto l'uomo a sua immagine*" (Ge. 9:6); "*Se qualcuno insidia e uccide il suo prossimo con premeditazione, tu lo strapperai anche dal mio altare, per farlo morire*" (Es. 9:14); "*...perché il magistrato è un ministro di Dio per il tuo bene; ma se fai il male, temi, perché egli non porta la spada invano; infatti è un ministro di Dio per infliggere una giusta punizione a chi fa il male*" (Ro. 13:4).

collera e il desiderio di vendetta[292] e che tutto ciò non è ai suoi occhi che un omicidio mascherato[293].

D. 107. **È sufficiente allora non uccidere il nostro prossimo**, come si è appena detto?

R. **No,** poiché condannando l'invidia, l'odio e la collera, **Dio vuole ottenere da noi che amiamo il nostro prossimo come noi stessi[294]** e gli testimoniamo pazienza, pace, dolcezza misericordia e benevolenza[295], che lo preserviamo, per quanto c'è

---

[292] *"Un cuore calmo è la vita del corpo, ma l'invidia è la carie delle ossa" (Pr. 14:30); "...ricolmi di ogni ingiustizia, malvagità, cupidigia, malizia; pieni d'invidia, di omicidio, di contesa, di frode, di malignità"* (Ro. 1:29); *"Ora le opere della carne sono manifeste, e sono: fornicazione, impurità, dissolutezza, idolatria, stregoneria, inimicizie, discordia, gelosia, ire, contese, divisioni, sètte, invidie, ubriachezze, orge e altre simili cose; circa le quali, come vi ho già detto, vi preavviso: chi fa tali cose non erediterà il regno di Dio"* (Ga. 5:19-21); *"...perché l'ira dell'uomo non compie la giustizia di Dio"* (Gm. 1:20); *"Chi dice di essere nella luce e odia suo fratello, è ancora nelle tenebre. Chi ama suo fratello rimane nella luce e non c'è nulla in lui che lo faccia inciampare. Ma chi odia suo fratello è nelle tenebre, cammina nelle tenebre e non sa dove va, perché le tenebre hanno accecato i suoi occhi"* (1 Gv. 2:9-11).

[293] *"Chiunque odia suo fratello è omicida; e voi sapete che nessun omicida possiede in sé stesso la vita eterna"* (1 Gv. 3:15).

[294] *"Tutte le cose dunque che voi volete che gli uomini vi facciano, fatele anche voi a loro; perché questa è la legge e i profeti (...) Il secondo, simile a questo, è: "Ama il tuo prossimo come te stesso"* (Mt. 7:12; 22:39).

[295] "Beati i mansueti, perché erediteranno la terra" (Mt. 5:5); "Siate misericordiosi come è misericordioso il Padre vostro" (Lu. 6:36); *"Quanto all'amore fraterno, siate pieni di affetto gli uni per gli altri. Quanto all'onore, fate a gara nel rendervelo reciprocamente (...) Se è possibile, per quanto dipende da voi, vivete in pace con tutti gli uomini"* (Ro. 12:10,18); "Fratelli, *se uno viene sorpreso in colpa, voi, che siete spirituali, rialzatelo con spirito di mansuetudine. Bada bene a te stesso, che anche tu non sia tentato. Portate i pesi gli uni degli altri e adempirete così la legge di Cristo"* (Ga. 6:1,2*); "...con ogni umiltà e mansuetudine, con pazienza, sopportandovi gli uni gli altri con amore" (Ef. 4:2); "Rivestitevi, dunque, come eletti di Dio, santi e amati, di*

possibile, da ogni male e che facciamo del bene anche ai nostri nemici.[296]

sentimenti di misericordia, di benevolenza, di umiltà, di mansuetudine, di pazienza" (Cl. 3:12); "*Infine, siate tutti concordi, compassionevoli, pieni di amore fraterno, misericordiosi e umili*" (1 Pi. 3:8).

[296] "*Se incontri il bue del tuo nemico o il suo asino smarrito, non mancare di ricondurglielo. Se vedi l'asino di colui che ti odia caduto a terra sotto il carico, guardati bene dall'abbandonarlo, ma aiuta il suo padrone a scaricarlo*" (Es. 23:4,5); "*Ma io vi dico: amate i vostri nemici, [benedite coloro che vi maledicono, fate del bene a quelli che vi odiano,] e pregate per quelli [che vi maltrattano e] che vi perseguitano, affinché siate figli del Padre vostro che è nei cieli; poiché egli fa levare il suo sole sopra i malvagi e sopra i buoni, e fa piovere sui giusti e sugli ingiusti*" (Mt. 5:44,45); "*Anzi, «se il tuo nemico ha fame, dagli da mangiare; se ha sete, dagli da bere; poiché, facendo così, tu radunerai dei carboni accesi sul suo capo»*" (Ro. 12:20).

Quarantunesima domenica

108. **Che cosa dice il settimo comandamento?**

R. **Che l'impurità è maledetta da Dio**[297] **e che dobbiamo quindi detestarla dal profondo del cuore**[298] **e vivere in modo casto e ordinato**, sia nel santo stato del matrimonio, sia al di fuori di esso[299].

D. 109. **In questo comandamento Dio proibisce solo l'adulterio** e simili infamie?

R. **Poiché sia il nostro corpo che la nostra anima sono tempio dello Spirito Santo**, Dio esige che noi li conserviamo puri e santi. Egli **vieta perciò ogni impurità nelle nostre azioni, nei nostri gesti**

---

[297] "*Osserverete dunque i miei ordini e non seguirete nessuno di quei costumi abominevoli che sono stati seguiti prima di voi, e non vi contaminerete con essi. Io sono il SIGNORE vostro Dio*" (Le. 18:30); "*Come si addice ai santi, né fornicazione, né impurità, né avarizia, sia neppure nominata tra di voi; né oscenità, né parole sciocche o volgari, che sono cose sconvenienti; ma piuttosto abbondi il ringraziamento. Perché, sappiatelo bene, nessun fornicatore o impuro o avaro (che è un idolatra) ha eredità nel regno di Cristo e di Dio*" (Ef. 5:3-5).

[298] "*Abbiate pietà di quelli che sono nel dubbio; salvateli, strappandoli dal fuoco; e degli altri abbiate pietà mista a timore, odiando perfino la veste contaminata dalla carne*" (Gd. 22,23).

[299] **1 Corinzi 7:1-9; 1 Tessalonicesi 4:3-8;** "*Il matrimonio sia tenuto in onore da tutti e il letto coniugale non sia macchiato da infedeltà; poiché Dio giudicherà i fornicatori e gli adùlteri*" (Eb. 13:4).-

e nelle nostre parole, pensieri, desideri[300] e tutto ciò che può portarci ad essi[301]..

Quarantaduesima domenica

D. 110. **Che cosa proibisce Dio nell'ottavo comandamento?**

R. **Dio proibisce** non solo **il furto e le estorsioni**[302] che sono punite dal magistrato, ma elenca anche tutte le azioni disoneste e le macchinazioni con cui cerchiamo di impadronirci dei beni del nostro prossimo, sia con la forza, sia con la parvenza del diritto[303], come anche con falsi pesi, misure, misurazioni, mercanzie e monete, attraverso

---

[300] "*«Voi avete udito che fu detto: "Non commettere adulterio". Ma io vi dico che chiunque guarda una donna per desiderarla, ha già commesso adulterio con lei nel suo cuore. Se dunque il tuo occhio destro ti fa cadere in peccato, cavalo e gettalo via da te; poiché è meglio per te che uno dei tuoi membri perisca, piuttosto che vada nella geenna tutto il tuo corpo*" (Mt. 5:27-29); "*Fuggite la fornicazione. Ogni altro peccato che l'uomo commetta, è fuori del corpo; ma il fornicatore pecca contro il proprio corpo. Non sapete che il vostro corpo è il tempio dello Spirito Santo che è in voi e che avete ricevuto da Dio? Quindi non appartenete a voi stessi. Poiché siete stati comprati a caro prezzo. Glorificate dunque Dio nel vostro corpo*" (1 Co. 6:18-20); "*Come si addice ai santi, né fornicazione, né impurità, né avarizia, sia neppure nominata tra di voi; né oscenità, né parole sciocche o volgari, che sono cose sconvenienti; ma piuttosto abbondi il ringraziamento*" (Ef. 5:3,4).

[301] "*Non v'ingannate: «Le cattive compagnie corrompono i buoni costumi»*" (Ef. 15:33); "*Non ubriacatevi! Il vino porta alla dissolutezza. Ma siate ricolmi di Spirito*" (Ef. 5:18).

[302] **Esodo 22:1-4**; "*Vi ho scritto nella mia lettera di non mischiarvi con i fornicatori; non del tutto però con i fornicatori di questo mondo, o con gli avari e i ladri, o con gl'idolatri; perché altrimenti dovreste uscire dal mondo (...) Non sapete che gl'ingiusti non erediteranno il regno di Dio? Non v'illudete; né fornicatori, né idolatri, né adùlteri, né effeminati, né sodomiti, né ladri, né avari, né ubriachi, né oltraggiatori, né rapinatori erediteranno il regno di Dio*" (1 Cr. 5:9,10; 6:9,10).

l'usura[304] o qualche altro mezzo proibito da Dio. Allo stesso modo, **egli proibisce sia l'avarizia[305] che lo spreco dei suoi doni[306]**.

D. 111. **E a te che cosa ordina Dio in questo comandamento?**

R. **Di cercare, per quanto possibile, il vantaggio del mio prossimo**, di agire nei suoi riguardi **come vorrei che si facesse nei miei**

---

303 "*La voce del SIGNORE grida alla città, chi ha senno teme il tuo nome. «Ascoltate la minaccia del castigo e colui che lo manda! Ci sono ancora, nella casa dell'empio, tesori illecitamente acquistati, e l'efa scarso, che è cosa abominevole? Sarei io puro se tollerassi bilance false e il sacchetto dei pesi falsi?*" (Mi. 6:9-11); "*Lo interrogarono pure dei soldati, dicendo: «E noi, che dobbiamo fare?» Ed egli a loro: «Non fate estorsioni, non opprimete nessuno con false denunzie, e contentatevi della vostra paga»*" (Lu. 3:14); **Giacomo 5:1-6**.

304 **Deuteronomio 25:13-16**; "*...non dà il suo denaro a usura, né accetta regali a danno dell'innocente. Chi agisce così non sarà mai smosso*" (Sl. 15:5); "*La bilancia falsa è un abominio per il SIGNORE, ma il peso giusto gli è gradito*" (Pr. 11:1); "*Le labbra bugiarde sono un abominio per il SIGNORE, ma quelli che agiscono con sincerità gli sono graditi*" (Pr. 12:22); "*Così parla DIO, il Signore: Basta, o prìncipi d'Israele! Lasciate da parte la violenza e le rapine, praticate il diritto e la giustizia, liberate il mio popolo dalle vostre estorsioni! dice DIO, il Signore. Abbiate bilance giuste, efa giusto, bat giusto. L'efa e il bat avranno la stessa capacità; il bat conterrà la decima parte di un comer e l'efa la decima parte di un comer; la loro capacità sarà regolata dal comer. Il siclo sarà di venti ghere; venti sicli più venticinque sicli più quindici sicli formeranno la vostra mina*" (Ez. 45:9-12); "*Ma amate i vostri nemici, fate del bene, prestate senza sperarne nulla e il vostro premio sarà grande e sarete figli dell'Altissimo; poiché egli è buono verso gli ingrati e i malvagi*" (Lu. 6:35).

305 "*Poi disse loro: «State attenti e guardatevi da ogni avarizia; perché non è dall'abbondanza dei beni che uno possiede, che egli ha la sua vita»*" (Lu. 12:15); "*Perché, sappiatelo bene, nessun fornicatore o impuro o avaro (che è un idolatra) ha eredità nel regno di Cristo e di Dio*" (Ef. 5:5).

306 "*In casa del saggio ci sono tesori preziosi e olio, ma l'uomo stolto dà fondo a tutto*" (Pr. 21:20); "*Non essere di quelli che sono*

riguardi e di impegnarmi **ad assistere l'indigente nella sua povertà**[307].

Quarantatreesima domenica

D. 112. **Che cosa esige il nono comandamento?**

R. **Che non renda falsa testimonianza né deformi le parole di alcuno, che non sparli né calunni**, che non favorisca una condanna pronunciata alla leggera e senza aver ascoltato l'accusato[308], ma

---

bevitori di vino, che sono ghiotti mangiatori di carne, perché l'ubriacone e il goloso impoveriranno e i dormiglioni andranno vestiti di cenci" (Pr. 23:20,21); "*Chi è fedele nelle cose minime, è fedele anche nelle grandi; e chi è ingiusto nelle cose minime, è ingiusto anche nelle grandi. Se dunque non siete stati fedeli nelle ricchezze ingiuste, chi vi affiderà quelle vere? E, se non siete stati fedeli nei beni altrui, chi vi darà i vostri? Nessun domestico può servire due padroni; perché o odierà l'uno e amerà l'altro, o avrà riguardo per l'uno e disprezzo per l'altro. Voi non potete servire Dio e Mammona»*" (Lu. 16:13-20).

[307] **Isaia 55:5-10;** "*Tutte le cose dunque che voi volete che gli uomini vi facciano, fatele anche voi a loro; perché questa è la legge e i profeti*" (Mt. 7:12); "*Non ci scoraggiamo di fare il bene; perché, se non ci stanchiamo, mieteremo a suo tempo. Così dunque, finché ne abbiamo l'opportunità, facciamo del bene a tutti; ma specialmente ai fratelli in fede*" (Ga. 6:9,10); "*Chi rubava non rubi più, ma si affatichi piuttosto a lavorare onestamente con le proprie mani, affinché abbia qualcosa da dare a colui che è nel bisogno*" (Ef. 4:28).

[308] **Salmo 15**; "Il *falso testimone non rimarrà impunito, chi spaccia menzogne non avrà scampo. (...) Il falso testimone non rimarrà impunito, e chi spaccia menzogne perirà.*" (Pr. 19:5,9); "*Il testimone bugiardo perirà, ma l'uomo che ascolta potrà sempre parlare*" (Pr. 21:28); "*Non giudicate, affinché non siate giudicati*" (Mt. 7:1); "*Non giudicate, e non sarete giudicati; non condannate, e non sarete condannati; perdonate, e vi sarà perdonato*" (Lu. 6:37); "*Siccome non si sono curati di conoscere Dio, Dio li ha abbandonati in balìa della loro mente perversa sì che facessero ciò che è sconveniente; ricolmi di ogni ingiustizia, malvagità, cupidigia, malizia; pieni d'invidia, di omicidio, di contesa, di frode, di malignità; calunniatori, maldicenti, abominevoli a Dio, insolenti, superbi, vanagloriosi, ingegnosi nel male, ribelli ai genitori,*

che eviti ogni menzogna e ogni inganno come altrettante opere del diavolo, sotto pena di attirare su di me tutta la collera di Dio[309]. **Che**, in tribunale o altrove, **ami la verità[310]**, la dica e la confessi sinceramente. Infine, c**he difenda e sostenga con tutte le mie forze l'onore e il buon nome del mio prossimo[311]**.

Quarantaquattresima domenica

D. 113. **Che cosa esige il decimo comandamento?**

---

insensati, sleali, senza affetti naturali, spietati. Essi, pur conoscendo che secondo i decreti di Dio quelli che fanno tali cose sono degni di morte, non soltanto le fanno, ma anche approvano chi le commette" (Ro. 1:28-32).

[309]"*Non ruberete, e non userete inganno né menzogna gli uni a danno degli altri. Non giurerete il falso, usando il mio nome; perché profanereste il nome del vostro Dio. Io sono il SIGNORE*" (Le.1 9:11,12); "*Le labbra bugiarde sono un abominio per il SIGNORE, ma quelli che agiscono con sincerità gli sono graditi*" (Pr. 12;22); "*Il giusto odia la menzogna, ma l'empio getta sugli altri discredito e vergogna*" (Pr. 13:5); "*Voi siete figli del diavolo, che è vostro padre, e volete fare i desideri del padre vostro. Egli è stato omicida fin dal principio e non si è attenuto alla verità, perché non c'è verità in lui. Quando dice il falso, parla di quel che è suo perché è bugiardo e padre della menzogna*" (Gv. 8:44); "*Ma per i codardi, gl'increduli, gli abominevoli, gli omicidi, i fornicatori, gli stregoni, gli idolatri e tutti i bugiardi, la loro parte sarà nello stagno ardente di fuoco e di zolfo, che è la morte seconda»*" (Ap. 21:8).

[310]"*...non gode dell'ingiustizia, ma gioisce con la verità*" (1 Co. 13:6); "*Perciò, bandita la menzogna, ognuno dica la verità al suo prossimo perché siamo membra gli uni degli altri*" (Ef. 4:25).

[311]*"Infine, siate tutti concordi, compassionevoli, pieni di amore fraterno, misericordiosi e umili; non rendete male per male, od oltraggio per oltraggio, ma, al contrario, benedite; poiché a questo siete stati chiamati affinché ereditiate la benedizione"* (1 Pi. 3:8,9); *"Soprattutto, abbiate amore intenso gli uni per gli altri, perché l'amore copre una gran quantità di peccati"* (1 Pi. 4:8).

R. Che non entri mai nel nostro cuore la minima invidia o il più piccolo pensiero contrario a qualsiasi comandamento di Dio. ma c**he di tutto cuore e in ogni tempo detestiamo il peccato e ci compiacciamo della giustizia**[312]**.**

D. 114. **Coloro che sono convertiti a Dio possono osservare perfettamente questi comandamenti?**

R. **No**, poiché anche i più santi, **finché sono in questa vita, non sono che all'inizio di una tale obbedienza**[313]. Ma essi cominciano a vivere non solo

[312]**Salmo 19:7-14;** *""Esaminami, o Dio, e conosci il mio cuore. Mettimi alla prova e conosci i miei pensieri. Vedi se c'è in me qualche via iniqua e guidami per la via eterna*" (Sl. 139:23,24); "*Che cosa diremo dunque? La legge è peccato? No di certo! Anzi, io non avrei conosciuto il peccato se non per mezzo della legge; poiché non avrei conosciuto la concupiscenza, se la legge non avesse detto: «Non concupire». Ma il peccato, còlta l'occasione, per mezzo del comandamento, produsse in me ogni concupiscenza; perché senza la legge il peccato è morto*" (Ro. 7:7,8).

[313]"*Certo, non c'è sulla terra nessun uomo giusto che faccia il bene e non pecchi mai*" (Ec. 7:20); "*Sappiamo infatti che la legge è spirituale; ma io sono carnale, venduto schiavo al peccato. Poiché, ciò che faccio, io non lo capisco: infatti non faccio quello che voglio, ma faccio quello che odio" (Ro. 7:14,15);* "*...poiché noi conosciamo in parte, e in parte profetizziamo*" (1 Co. 13:9); "*Se diciamo di essere senza peccato, inganniamo noi stessi, e la verità non è in noi*" (1 Gv. 1:8).

secondo qualcuno dei comandamenti di Dio[314], bensì secondo tutti, applicandovisi seriamente.

D. 115. **Perché Dio ci fa annunciare in un modo così stretto i dieci comandamenti, visto che nessuno può osservarli in questa vita?**

R. **In primo luogo, affinché durante tutta la nostra vita riconosciamo sempre meglio la nostra natura peccatrice** e cerchiamo con tanto maggior ardore il perdono dei peccati e la giustizia in Cristo[315]. **In secondo luogo**, **affinché possiamo essere zelanti nelle opere buone**, e senza sosta chiediamo a Dio la grazia dello Spirito Santo, per essere sempre più rinnovati a sua immagine, **fino a**

---

[314]"*Beato l'uomo che non cammina secondo il consiglio degli empi, che non si ferma nella via dei peccatori; né si siede in compagnia degli schernitori; ma il cui diletto è nella legge del SIGNORE, e su quella legge medita giorno e notte*" (Sl. 1:1,2); "*Infatti io mi compiaccio della legge di Dio, secondo l'uomo interiore, ma vedo un'altra legge nelle mie membra, che combatte contro la legge della mia mente e mi rende prigioniero della legge del peccato che è nelle mie membra. Me infelice! Chi mi libererà da questo corpo di morte? Grazie siano rese a Dio per mezzo di Gesù Cristo, nostro Signore. Così dunque, io con la mente servo la legge di Dio, ma con la carne la legge del peccato*" (Ro. 7:22-25); **Filippesi 3:12-16.**

[315]**Romani 3:19-26;** "*Davanti a te ho ammesso il mio peccato, non ho taciuto la mia iniquità. Ho detto: «Confesserò le mie trasgressioni al SIGNORE», e tu hai perdonato l'iniquità del mio peccato*" (Sl. 32:5); "*Che cosa diremo dunque? La legge è peccato? No di certo! Anzi, io non avrei conosciuto il peccato se non per mezzo della legge; poiché non avrei conosciuto la concupiscenza, se la legge non avesse detto: «Non concupire». Me infelice! Chi mi libererà da questo corpo di morte? Grazie siano rese a Dio per mezzo di Gesù Cristo, nostro Signore. Così dunque, io con la mente servo la legge di Dio, ma con la carne la legge del peccato*" (Ro. 7:7,24,25); "*Se confessiamo i nostri peccati, egli è fedele e giusto da perdonarci i peccati e purificarci da ogni iniquità*" (1 Gv. 1:9).

quando, dopo questa vita, raggiungiamo la perfezione[316] che è il nostro fine.

La preghiera

Quarantacinquesima domenica

D. 116. **Perché la preghiera è necessaria ai cristiani?**

R. **Perché è la parte più importante della riconoscenza** che Dio esige[317] da noi **ed egli non**

---

[316]"*Non sapete che coloro i quali corrono nello stadio, corrono tutti, ma uno solo ottiene il premio? Correte in modo da riportarlo*" (1 Co. 9:24); "*Non che io abbia già ottenuto tutto questo o sia già arrivato alla perfezione; ma proseguo il cammino per cercare di afferrare ciò per cui sono anche stato afferrato da Cristo Gesù. Fratelli, io non ritengo di averlo già afferrato; ma una cosa faccio: dimenticando le cose che stanno dietro e protendendomi verso quelle che stanno davanti, corro verso la mèta per ottenere il premio della celeste vocazione di Dio in Cristo Gesù*" (Fl. 3:12-14); *"Vedete quale amore ci ha manifestato il Padre, dandoci di essere chiamati figli di Dio! E tali siamo. Per questo il mondo non ci conosce: perché non ha conosciuto lui. Carissimi, ora siamo figli di Dio, ma non è stato ancora manifestato ciò che saremo. Sappiamo che quand'egli sarà manifestato saremo simili a lui, perché lo vedremo com'egli è. E chiunque ha questa speranza in lui, si purifica com'egli è puro"* (1 Gv. . 3:1-3).

[317]"*Come sacrificio offri a Dio il ringraziamento, e mantieni le promesse fatte al SIGNORE; poi invocami nel giorno della sventura; io ti salverò, e tu mi glorificherai*" (Sl. 50:14,15); "*Che potrò ricambiare al SIGNORE per tutti i benefici che mi ha fatti? Io alzerò il calice della salvezza e invocherò il nome del SIGNORE. Scioglierò i miei voti al SIGNORE e lo farò in presenza di tutto il suo popolo. È preziosa agli occhi del SIGNORE la morte dei suoi fedeli. Sì, o SIGNORE, io sono il tuo servo, sono tuo servo, figlio della tua serva; tu hai spezzato le mie catene. Io t'offrirò un sacrificio di lode e invocherò il nome del SIGNORE. Adempirò le mie promesse al SIGNORE e lo farò in presenza di tutto il suo popolo, nei cortili della casa del SIGNORE, in mezzo a te, o Gerusalemme*" (Sl. 116:12-19); "*Siate sempre gioiosi; non cessate mai di pregare; in ogni cosa rendete grazie, perché questa è la volontà di Dio in Cristo Gesù verso di voi*" (1 Ts. 5:16-18).

vuole dare la sua grazia e il suo Santo Spirito solo a coloro che glieli chiedono con preghiere ardenti e continue e lo ringraziano per questo[318].

D. 117. **Che cosa occorre alla preghiera perché sia gradita a Dio e da lui esaudita?**

R. **In primo luogo, che invochiamo di tutto cuore il solo vero Dio** che si è rivelato a noi nella sua Parola per ottenere da lui tutto ciò che ci ha comandato di chiedergli[319] **In secondo luogo, che**

---

[318]"*Chiedete e vi sarà dato; cercate e troverete; bussate e vi sarà aperto; perché chiunque chiede riceve; chi cerca trova, e sarà aperto a chi bussa*" (Mt. 7:7,8); "*Io altresì vi dico: Chiedete con perseveranza, e vi sarà dato; cercate senza stancarvi, e troverete; bussate ripetutamente, e vi sarà aperto. Perché chiunque chiede riceve, chi cerca trova, e sarà aperto a chi bussa. E chi è quel padre fra di voi che, se il figlio gli chiede un pane, gli dia una pietra? O se gli chiede un pesce, gli dia invece un serpente? Oppure se gli chiede un uovo, gli dia uno scorpione? Se voi, dunque, che siete malvagi, sapete dare buoni doni ai vostri figli, quanto più il Padre celeste donerà lo Spirito Santo a coloro che glielo chiedono!»*" (Lu. 11:9-13).

[319]"*Il SIGNORE è vicino a tutti quelli che lo invocano, a tutti quelli che lo invocano in verità. Egli adempie il desiderio di quelli che lo temono, ode il loro grido, e li salva. SIGNORE protegge tutti quelli che l'amano, ma distruggerà tutti gli empi*" (Sl. 145:18-20); "*Voi adorate quel che non conoscete; noi adoriamo quel che conosciamo, perché la salvezza viene dai Giudei. Ma l'ora viene, anzi è già venuta, che i veri adoratori adoreranno il Padre in spirito e verità; poiché il Padre cerca tali adoratori. Dio è Spirito; e quelli che l'adorano, bisogna che l'adorino in spirito e verità»*" (Gv. 4:22-24); "*Allo stesso modo ancora, lo Spirito viene in aiuto alla nostra debolezza, perché non sappiamo pregare come si conviene; ma lo Spirito intercede egli stesso per noi con sospiri ineffabili; e colui che esamina i cuori sa quale sia il desiderio dello Spirito, perché egli intercede per i santi secondo il volere di Dio*" (Ro. 8:26,27); "*Se poi qualcuno di voi manca di saggezza, la chieda a Dio che dona a tutti generosamente senza rinfacciare, e gli sarà data*" (Gm. 1:5); "*Questa è la fiducia che abbiamo in lui: che se domandiamo qualche cosa secondo la sua volontà, egli ci esaudisce*" (1 Gv. 5:14); "*Io mi prostrai ai suoi piedi per adorarlo. Ma egli mi disse: «Guàrdati dal farlo. Io sono un servo come te e come i tuoi fratelli che custodiscono la testimonianza di Gesù:*

riconosciamo pienamente la nostra povertà e la nostra miseria per umiliarci davanti alla sua maestà[320]**. In terzo luogo, che ci basiamo sulla certezza che**, senza tener conto della nostra indegnità, **egli esaudirà sicuramente la nostra preghiera a causa del Signore Gesù Cristo, come ce lo ha promesso nella sua Parola**[321].

---

adora Dio! Perché la testimonianza di Gesù è lo spirito della profezia»" (Ap. 19:10).

[320]**Apocalisse 4:1-11;** "*Se il mio popolo, sul quale è invocato il mio nome, si umilia, prega, cerca la mia faccia e si converte dalle sue vie malvagie, io lo esaudirò dal cielo, gli perdonerò i suoi peccati, e guarirò il suo paese*" (2 Cr. 7:14); "*Dio nostro, non vorrai giudicarli? Poiché noi siamo senza forza, di fronte a questa gran moltitudine che avanza contro di noi; e non sappiamo che fare, ma gli occhi nostri sono su di te!»*" (2 Cr. 20:12); "*Servite il SIGNORE con timore, e gioite con tremore*" (Sl. 2:11); "*Il SIGNORE è vicino a quelli che hanno il cuore afflitto, salva gli umili di spirito*" (Sl. 34:18); "*Confida in lui in ogni tempo, o popolo; apri il tuo cuore in sua presenza; Dio è il nostro rifugio*" (Sl. 62:8); "*Tutte queste cose le ha fatte la mia mano, e così sono tutte venute all'esistenza», dice il SIGNORE. «Ecco su chi io poserò lo sguardo: su colui che è umile, che ha lo spirito afflitto e trema alla mia parola*" (Is. 66:2).

[321]"*Ora, o Dio nostro, ascolta la preghiera e le suppliche del tuo servo; per amor tuo, Signore, fa' risplendere il tuo volto sul tuo santuario che è desolato! O mio Dio, inclina il tuo orecchio e ascolta! Apri gli occhi e guarda le nostre desolazioni, guarda la città sulla quale è invocato il tuo nome; poiché non ti supplichiamo fondandoci sulla nostra giustizia, ma sulla tua grande misericordia. Signore, ascolta! Signore, perdona! Signore, guarda e agisci senza indugio per amore di te stesso, o mio Dio, perché il tuo nome è invocato sulla tua città e sul tuo popolo»*" (Da. 9:17-19); "*...perché chiunque chiede riceve; chi cerca trova, e sarà aperto a chi bussa*" (Mt. 7:8); "*...e quello che chiederete nel mio nome, lo farò; affinché il Padre sia glorificato nel Figlio. Se mi chiederete qualche cosa nel mio nome, io la farò*" (Gv. 14:13,14); "*Infatti chiunque avrà invocato il nome del Signore sarà salvato*" (Ro. 10:13); "*Se poi qualcuno di voi manca di saggezza, la chieda a Dio che dona a tutti generosamente senza rinfacciare, e gli sarà data*" (Gm. 1:6).

D. 118. **Dio che cosa ci ha comandato di chiedergli?**

R. **Tutto ciò che è necessario all'anima e al corpo**[322] e che il Signore Gesù Cristo ha riassunto nella preghiera che ci ha lui stesso insegnato.

D. 119. **Che cosa dice questa preghiera?**

R. **Padre nostro che sei nei cieli, sia santificato il tuo nome; venga il tuo regno; sia fatta la tua volontà anche in terra come è fatta in cielo. Dacci oggi il nostro pane quotidiano; rimettici i nostri debiti come anche noi li abbiamo rimessi ai nostri debitori; e non ci esporre alla tentazione, ma liberaci dal maligno. Perché a te appartengono il regno, la potenza e la gloria in eterno, amen**[323]**.**

Quarantaseiesima domenica

D. 120. **Perché Cristo ci ha comandato di rivolgerci a Dio chiamandolo «nostro Padre»?**

R. P**er risvegliare in noi, fin dall'inizio della nostra preghiera, il timore filiale e la fiducia in Dio** che devono essere il fondamento della nostra preghiera. Infatti, Dio è diventato nostro Padre attraverso il Cristo e non vuole rifiutarci ciò che gli chiediamo con fede ben più di quanto non vogliano rifiutarci le cose di questo mondo i nostri padri terreni[324].

---

[322]"*Cercate prima il regno e la giustizia di Dio, e tutte queste cose vi saranno date in più*" (Mt. 6:33); "*.Egli disse loro: «Quando pregate, dite: "Padre, sia santificato il tuo nome; venga il tuo regno; dacci ogni giorno il nostro pane quotidiano; e perdonaci i nostri peccati, perché anche noi perdoniamo a ogni nostro debitore; e non ci esporre alla tentazione*" (Lu. 11_2-4).

[323]**Matteo 6:9-13; Luca 11:2-4.**

D. 121. **Perché si aggiunge «che sei nei cieli»?**

R. **Affinché non concepiamo in modo terreno la maestà celeste di Dio**[325] e ci aspettiamo dalla sua onnipotenza ciò che è necessario per il corpo e per l'anima[326].

Quarantasettesima domenica

D. 122. **Qual è la prima richiesta?**

R. **«Sia santificato il tuo nome», cioè donaci, anzitutto, di conoscerti veramente**[327]**, di**

---

[324]"*Qual è l'uomo tra di voi, il quale, se il figlio gli chiede un pane, gli dia una pietra? Oppure se gli chiede un pesce, gli dia un serpente? Se dunque voi, che siete malvagi, sapete dare buoni doni ai vostri figli, quanto più il Padre vostro, che è nei cieli, darà cose buone a quelli che gliele domandano!*" (Mt. 7:9-11); "*E chi è quel padre fra di voi che, se il figlio gli chiede un pane, gli dia una pietra? O se gli chiede un pesce, gli dia invece un serpente? Oppure se gli chiede un uovo, gli dia uno scorpione? Se voi, dunque, che siete malvagi, sapete dare buoni doni ai vostri figli, quanto più il Padre celeste donerà lo Spirito Santo a coloro che glielo chiedono!»*" (Lu. 11:11-13).

[325]"*Sono io soltanto un Dio da vicino», dice il SIGNORE, «e non un Dio da lontano? Potrebbe uno nascondersi in luogo occulto in modo che io non lo veda?» dice il SIGNORE. «Io non riempio forse il cielo e la terra?» dice il SIGNORE*" (Gr. 23:23,24); "*Il Dio che ha fatto il mondo e tutte le cose che sono in esso, essendo Signore del cielo e della terra, non abita in templi costruiti da mani d'uomo; e non è servito dalle mani dell'uomo, come se avesse bisogno di qualcosa; lui, che dà a tutti la vita, il respiro e ogni cosa*" (At. 17:24,25).

[326]**Matteo 6:25-34**; *"Che diremo dunque riguardo a queste cose? Se Dio è per noi chi sarà contro di noi? Colui che non ha risparmiato il proprio Figlio, ma lo ha dato per noi tutti, non ci donerà forse anche tutte le cose con lui?"* (Ro. 8:31,32)

[327]"*Il saggio non si glori della sua saggezza, il forte non si glori della sua forza, il ricco non si glori della sua ricchezza: ma chi si gloria si glori di questo: che ha intelligenza e conosce me, che sono il SIGNORE. Io pratico la bontà, il diritto e la giustizia sulla terra, perché di queste cose mi compiaccio», dice il SIGNORE*" (Gr.

santificarti, di celebrarti e di lodarti in tutte le tue opere nelle quali brillano la tua onnipotenza, la tua sapienza, la tua bontà, la tua giustizia, la tua misericordia e la tua verità[328].. Donaci anche di poter dirigere tutta la nostra vita, i nostri pensieri, le nostre parole e le nostre azioni, in modo che il tuo nome, per causa nostra, non sia bestemmiato, ma piuttosto onorato e glorificato[329].

9:23,24); "*«ma questo è il patto che farò con la casa d'Israele, dopo quei giorni», dice il SIGNORE: «io metterò la mia legge nell'intimo loro, la scriverò sul loro cuore, e io sarò loro Dio, ed essi saranno mio popolo. Là si stabiliranno assieme Giuda e tutte le sue città; gli agricoltori e quelli che guidano le greggi*" (Gr. 31:33,34); "*Gesù, replicando, disse: «Tu sei beato, Simone, figlio di Giona, perché non la carne e il sangue ti hanno rivelato questo, ma il Padre mio che è nei cieli*" (Mt. 16:17); "*Questa è la vita eterna: che conoscano te, il solo vero Dio, e colui che tu hai mandato, Gesù Cristo*" (Gv. 17:3).

[328]**Salmo 145**; "*Il SIGNORE discese nella nuvola, si fermò con lui e proclamò il nome del SIGNORE. Il SIGNORE passò davanti a lui, e gridò: «Il SIGNORE! il SIGNORE! il Dio misericordioso e pietoso, lento all'ira, ricco in bontà e fedeltà, che conserva la sua bontà fino alla millesima generazione, che perdona l'iniquità, la trasgressione e il peccato ma non terrà il colpevole per innocente; che punisce l'iniquità dei padri sopra i figli e sopra i figli dei figli, fino alla terza e alla quarta generazione!» Mosè subito s'inchinò fino a terra e adorò*" (Es. 34:5—8); **Geremia 32:16-20; Luca 1:46-55,58-75;** *"Oh, profondità della ricchezza, della sapienza e della scienza di Dio! Quanto inscrutabili sono i suoi giudizi e ininvestigabili le sue vie! Infatti, «chi ha conosciuto il pensiero del Signore? O chi è stato suo consigliere? O chi gli ha dato qualcosa per primo, sì da riceverne il contraccambio?» Perché da lui, per mezzo di lui e per lui sono tutte le cose. A lui sia la gloria in eterno. Amen"* (Ro. 11:33-36).

[329]"*Non a noi, o SIGNORE, non a noi, ma al tuo nome da' gloria, per la tua bontà e per la tua fedeltà!*" (Sl. 115:1); "*Così risplenda la vostra luce davanti agli uomini, affinché vedano le vostre buone opere e glorifichino il Padre vostro che è nei cieli*" (Mt. 5:16).

Quarantottesima domenica

D. 123. **Qual è la seconda richiesta?**

R. **«Venga il tuo regno», cioè: regna talmente su di noi** mediante la tua Parola e il tuo Spirito **che noi ci sottomettiamo sempre più a te[330]**. **Conserva e accresci la tua chiesa[331]**.. **Distruggi le opere del diavolo** e ogni potere che si erge contro di te e tutti i cattivi disegni che si oppongono alla tua Parola[332], **fino a quando non giunga la pienezza del tuo regno** [333] dove tu sarai tutto in tutti.

---

[330]"*Sia ferma la mia condotta nell'osservanza dei tuoi statuti! (...) La tua parola è una lampada al mio piede e una luce sul mio sentiero*" (Sl. 119:5,105); "*Insegnami a far la tua volontà, poiché tu sei il mio Dio, il tuo Spirito benevolo mi guidi in terra piana*" (Sl. 143:10); "*Cercate prima il regno e la giustizia di Dio, e tutte queste cose vi saranno date in più*" (Mt. 6:33).

[331]**Atti 2:42-47**; "*Fa' del bene a Sion, nella tua grazia; edifica le mura di Gerusalemme*" (Sl. 51:18); "*Pregate per la pace di Gerusalemme! Quelli che ti amano vivano tranquilli. Ci sia pace all'interno delle tue mura e tranquillità nei tuoi palazzi! Per amore dei miei fratelli e dei miei amici, io dirò: «La pace sia dentro di te!». Per amore della casa del SIGNORE, del nostro Dio, io cercherò il tuo bene*" (Sl. 122:6-9); "*E anch'io ti dico: tu sei Pietro, e su questa pietra edificherò la mia chiesa, e le porte dell'Ades non la potranno vincere*" (Mt. 16:18).

[332] "*Il Dio della pace stritolerà presto Satana sotto i vostri piedi. La grazia del Signore nostro Gesù Cristo sia con voi*" (Ro. 16:20); "*Colui che persiste nel commettere il peccato proviene dal diavolo, perché il diavolo pecca fin da principio. Per questo è stato manifestato il Figlio di Dio: per distruggere le opere del diavolo*" (1 Gv. 3:8).

[333] "*Sappiamo infatti che fino ad ora tutta la creazione geme ed è in travaglio; non solo essa, ma anche noi, che abbiamo le primizie dello Spirito, gemiamo dentro di noi, aspettando l'adozione, la redenzione del nostro corpo*" (Ro. 8:22,23); "*Quando ogni cosa gli sarà stata sottoposta, allora anche il Figlio stesso sarà sottoposto a colui che gli ha sottoposto ogni cosa, affinché Dio sia tutto in tutti*" (1 Co. 15:28); "*Lo Spirito e la sposa dicono: «Vieni». E chi ode, dica: «Vieni». Chi ha sete, venga; chi vuole, prenda in dono dell'acqua della vita (...) Colui che attesta queste*

Quarantanovesima domenica

D. 124. **Qual è la terza richiesta?**

R. **«Sia fatta la tua volontà sulla terra come in cielo», vale a dire: concedi a noi e a tutti gli uomini di rinunciare alla nostra propria volontà e di non obbedire**, senza mormorare, **che alla tua volontà, che sola è buona**[334], e concedi anche ad ognuno di assolvere il compito proprio della sua vocazione[335], con la stessa prontezza e fedeltà degli angeli in cielo[336].

---

cose, dice: «Sì, vengo presto!».Amen! Vieni, Signore Gesù!" (Ap. 22:17,20).

334 "*«Non chiunque mi dice: Signore, Signore! entrerà nel regno dei cieli, ma chi fa la volontà del Padre mio che è nei cieli (...) Allora Gesù disse ai suoi discepoli: «Se uno vuol venire dietro a me, rinunzi a sé stesso, prenda la sua croce e mi segua. Perché chi vorrà salvare la sua vita, la perderà; ma chi avrà perduto la sua vita per amor mio, la troverà. Che gioverà a un uomo se, dopo aver guadagnato tutto il mondo, perde poi l'anima sua? O che darà l'uomo in cambio dell'anima sua?*" (Mt. 7:21; 16:24-26); "*Padre, se vuoi, allontana da me questo calice! Però non la mia volontà, ma la tua sia fatta»*" (Lu. 22:42); "*Vi esorto dunque, fratelli, per la misericordia di Dio, a presentare i vostri corpi in sacrificio vivente, santo, gradito a Dio; questo è il vostro culto spirituale. Non conformatevi a questo mondo, ma siate trasformati mediante il rinnovamento della vostra mente, affinché conosciate per esperienza quale sia la volontà di Dio, la buona, gradita e perfetta volontà*" (Ro. 12:1,2*); "Infatti la grazia di Dio, salvifica per tutti gli uomini, si è manifestata, e ci insegna a rinunziare all'empietà e alle passioni mondane, per vivere in questo mondo moderatamente, giustamente e in modo santo*" (Tt. 2:11,12).

335 **2 Corinzi 7:17-24**; **Efesini 6:5-9.**

336 "*Benedite il SIGNORE, voi suoi angeli, potenti e forti, che fate ciò ch'egli dice, ubbidienti alla voce della sua parola! Benedite il SIGNORE, voi tutti gli eserciti suoi, che siete suoi ministri, e fate ciò che egli gradisce!*" (Sl. 103:20,21).

Cinquantesima domenica

D. 125. **Qual è la quarta richiesta?**

R. **«Dacci oggi il nostro pane di questo giorno», cioè: voglia tu procurarci tutto ciò che è necessario al corpo[337], in modo che riconosciamo in questo che tu sei la fonte unica di ogni bene[338]** e che né le nostre preoccupazioni né i nostri sforzi, né i tuoi doni ci giovino senza la tua benedizione[339]; e, infine, che così sottraiamo la nostra

[337] **Matteo 6:25-34**; "*Tutti quanti sperano in te perché tu dia loro il cibo a suo tempo. Tu lo dai loro ed essi lo raccolgono; tu apri la mano, e sono saziati di beni. Tu nascondi la tua faccia, e sono smarriti; tu ritiri il loro fiato e muoiono, ritornano nella loro polvere. Tu mandi il tuo Spirito e sono creati, e tu rinnovi la faccia della terra*" (Sl. 104:27-30); "*Gli occhi di tutti sono rivolti a te, e tu dai loro il cibo a suo tempo. Tu apri la tua mano, e dai cibo a volontà a tutti i viventi*" (Sl. 145:15,16).

[338] "*...senza però lasciare sé stesso privo di testimonianza, facendo del bene, mandandovi dal cielo pioggia e stagioni fruttifere, dandovi cibo in abbondanza, e letizia nei vostri cuori» (.-..) ...e non è servito dalle mani dell'uomo, come se avesse bisogno di qualcosa; lui, che dà a tutti la vita, il respiro e ogni cosa*" (At. 14:17; 17:25); "*...ogni cosa buona e ogni dono perfetto vengono dall'alto e discendono dal Padre degli astri luminosi presso il quale non c'è variazione né ombra di mutamento*" (Gm. 1:17).

[339] "*Egli dunque ti ha umiliato, ti ha fatto provar la fame, poi ti ha nutrito di manna, che tu non conoscevi e che i tuoi padri non avevano mai conosciuto, per insegnarti che l'uomo non vive soltanto di pane, ma che vive di tutto quello che procede dalla bocca del SIGNORE" (De. 8:3);* "*Il poco del giusto vale più dell'abbondanza degli empi*" (Sl. 37:16); "*Se il SIGNORE non costruisce la casa, invano si affaticano i costruttori; se il SIGNORE non protegge la città, invano vegliano le guardie. Invano vi alzate di buon mattino e tardi andate a riposare e mangiate pane tribolato; egli dà altrettanto a quelli che ama, mentre essi dormono*" (Sl. 127:1,2); "*Perciò, fratelli miei carissimi, state saldi, incrollabili, sempre abbondanti nell'opera del Signore, sapendo che la vostra fatica non è vana nel Signore*" (1 Co. 15:58).

fiducia a tutte le creature per non riporla se non in te[340].

Cinquantunesima domenica

D. 126. **Qual è la quinta richiesta?**

R. **«Perdonaci le nostre offese, come noi perdoniamo anche a coloro che ci hanno offesi», cioè: a causa del sangue di Gesù Cristo, non volere imputarci**, a noi poveri peccatori, **tutti i nostri peccati** e il male che ci resta sempre attaccato[341]. **Quanto a noi**, troviamo così in noi stessi la testimonianza della tua grazia, che **è la nostra ferma risoluzione di perdonare di tutto cuore al nostro prossimo[342].**

---

[340] **Salmo 62:1-12; 146:1-10;** "*Getta sul SIGNORE il tuo affanno, ed egli ti sosterrà; egli non permetterà mai che il giusto vacilli*" (Sl. 55:22); "*«Maledetto l'uomo che confida nell'uomo e fa della carne il suo braccio, e il cui cuore si allontana dal SIGNORE! Egli è come una tamerice nel deserto:quando giunge il bene, egli non lo vede; abita in luoghi aridi, nel deserto, in terra salata, senza abitanti. Benedetto l'uomo che confida nel SIGNORE, e la cui fiducia è il SIGNORE! Egli è come un albero piantato vicino all'acqua, che distende le sue radici lungo il fiume; non si accorge quando viene la calura e il suo fogliame rimane verde; nell'anno della siccità non è in affanno e non cessa di portar frutto»*" (Gr. 17.5-8); "*La vostra condotta non sia dominata dall'amore del denaro; siate contenti delle cose che avete; perché Dio stesso ha detto: «Io non ti lascerò e non ti abbandonerò». Così noi possiamo dire con piena fiducia: «Il Signore è il mio aiuto; non temerò. Che cosa potrà farmi l'uomo?»*" (Eb. 13:5,6).

[341] **Salmo 51:1-7**; "*...e non chiamare in giudizio il tuo servo, perché nessun vivente sarà trovato giusto davanti a te*" (Sl. 143:2); "*Non c'è dunque più nessuna condanna per quelli che sono in Cristo Gesù*" (Ro. 8:1); "*Figlioli miei, vi scrivo queste cose perché non pecchiate; e se qualcuno ha peccato, noi abbiamo un avvocato presso il Padre: Gesù Cristo, il giusto. Egli è il sacrificio propiziatorio per i nostri peccati, e non soltanto per i nostri, ma anche per quelli di tutto il mondo*" (1 Gv. 2.1,2).

Cinquantaduesima domenica

D. 127. **Qual è la sesta richiesta?**

R. **«Non sottoporci alla tentazione, ma liberaci dal male», cioè: da noi stessi siamo così deboli che non potremmo sussistere neppure un istante**[343] e, per di più, i nostri nemici mortali, il diavolo[344], il mondo[345] e la nostra carne[346], non cessano di assalirci con le loro tentazioni; **voglia tu dunque**

---

[342] **Matteo 18:21-35**; "*Perché se voi perdonate agli uomini le loro colpe, il Padre vostro celeste perdonerà anche a voi; ma se voi non perdonate agli uomini, neppure il Padre vostro perdonerà le vostre colpe*" (Mt. 6:14,15).

[343] "*Poiché egli conosce la nostra natura; egli si ricorda che siamo polvere. I giorni dell'uomo son come l'erba; egli fiorisce come il fiore dei campi; se lo raggiunge un colpo di vento esso non esiste più e non si riconosce più il luogo dov'era*" (Sl. 103:14-16); "*Io sono la vera vite e il Padre mio è il vignaiolo. Ogni tralcio che in me non dà frutto, lo toglie via; e ogni tralcio che dà frutto, lo pota affinché ne dia di più. Voi siete già puri a causa della parola che vi ho annunziata. Dimorate in me, e io dimorerò in voi. Come il tralcio non può da sé dar frutto se non rimane nella vite, così neppure voi, se non dimorate in me. Io sono la vite, voi siete i tralci. Colui che dimora in me e nel quale io dimoro, porta molto frutto; perché senza di me non potete far nulla*" (Gv. 15:1-5).

[344] "*Non c'è da meravigliarsene, perché anche Satana si traveste da angelo di luce*" (2 Co. 11:14); "*Del resto, fortificatevi nel Signore e nella forza della sua potenza. Rivestitevi della completa armatura di Dio, affinché possiate star saldi contro le insidie del diavolo; il nostro combattimento infatti non è contro sangue e carne, ma contro i principati, contro le potenze, contro i dominatori di questo mondo di tenebre, contro le forze spirituali della malvagità, che sono nei luoghi celesti. Perciò prendete la completa armatura di Dio, affinché possiate resistere nel giorno malvagio, e restare in piedi dopo aver compiuto tutto il vostro dovere*" (Ef. 6:10-13); "*Siate sobri, vegliate; il vostro avversario, il diavolo, va attorno come un leone ruggente cercando chi possa divorare*" (1 Pi. 5:8).

[345] "*Se il mondo vi odia, sapete bene che prima di voi ha odiato me. Se foste del mondo, il mondo amerebbe quello che è suo; poiché non siete del mondo, ma io ho scelto voi in mezzo al mondo, perciò il mondo vi odia. Ricordatevi della parola che vi ho*

sostenerci e fortificarci con la potenza del tuo Santo Spirito, affinché possiamo resistere loro fermamente e non soccombere in questa battaglia spirituale[347], fino al giorno in cui finalmente otterremo la completa vittoria[348].

D. 128. **Come concludi questa preghiera?**

R. **«Poiché è a te che appartiene il regno, la potenza e la gloria, per i secoli dei secoli», cioè: tutto questo noi lo domandiamo a te nostro Re**

---

detta: "Il servo non è più grande del suo signore". Se hanno perseguitato me, perseguiteranno anche voi; se hanno osservato la mia parola, osserveranno anche la vostra. Ma tutto questo ve lo faranno a causa del mio nome, perché non conoscono colui che mi ha mandato" (Gv. 15:18-21).

346 "*...ma vedo un'altra legge nelle mie membra, che combatte contro la legge della mia mente e mi rende prigioniero della legge del peccato che è nelle mie membra*" (Ro. 7:23); "*Perché la carne ha desideri contrari allo Spirito e lo Spirito ha desideri contrari alla carne; sono cose opposte tra di loro; in modo che non potete fare quello che vorreste*" (Ga. 5:17).

347 "*Ma quando vi metteranno nelle loro mani, non preoccupatevi di come parlerete o di quello che dovrete dire; perché in quel momento stesso vi sarà dato ciò che dovrete dire. Poiché non siete voi che parlate, ma è lo Spirito del Padre vostro che parla in voi*" (Mt. 10:19,20); "*Vegliate e pregate, affinché non cadiate in tentazione; lo spirito è pronto, ma la carne è debole*" (Mt. 26:41); "*State in guardia, vegliate, poiché non sapete quando sarà quel momento*" (Mr. 13:33); "*...non solo, ma ci gloriamo anche nelle afflizioni, sapendo che l'afflizione produce pazienza, la pazienza esperienza, e l'esperienza speranza. Or la speranza non delude, perché l'amore di Dio è stato sparso nei nostri cuori mediante lo Spirito Santo che ci è stato dato*" (Ro. 5:3-5).

348 "*Nessuna tentazione vi ha còlti, che non sia stata umana; però Dio è fedele e non permetterà che siate tentati oltre le vostre forze; ma con la tentazione vi darà anche la via d'uscirne, affinché la possiate sopportare*" (1 Co. 10:13); "*...per rendere i vostri cuori saldi, irreprensibili in santità davanti a Dio nostro Padre, quando il nostro Signore Gesù verrà con tutti i suoi santi. Or il Dio della pace vi santifichi egli stesso completamente; e l'intero essere vostro, lo spirito, l'anima e il corpo, sia conservato irreprensibile per la venuta del Signore nostro Gesù Cristo*" (1 Ts. 3:13; 5:23).

che hai tutte le cose in tuo potere, poiché **tu puoi e vuoi darci ogni bene**[349] **e così la gloria non ricada affatto su di noi, ma sul tuo santo Nome, eternamente**[350].

D. 129. **Che cosa significa il termine «amen»?**

R. **«Amen» significa: ciò è necessariamente vero e certo**, poiché la certezza che la mia preghiera è esaudita da Dio è molto più grande del desiderio che sento nel mio cuore che essa lo sia[351]. (fine)

---

[349] "*Difatti la Scrittura dice: «Chiunque crede in lui, non sarà deluso». Poiché non c'è distinzione tra Giudeo e Greco, essendo egli lo stesso Signore di tutti, ricco verso tutti quelli che lo invocano. Infatti chiunque avrà invocato il nome del Signore sarà salvato*" (Ro. 10:11-13); "*...ciò vuol dire che il Signore sa liberare i pii dalla prova e riservare gli ingiusti per la punizione nel giorno del giudizio*" (2 Pi. 2:9).

[350] "*Non a noi, o SIGNORE, non a noi, ma al tuo nome da' gloria, per la tua bontà e per la tua fedeltà!*" (Sl. 115:1); "*...li purificherò di tutta l'iniquità, con cui hanno peccato contro di me; perdonerò tutte le loro iniquità con cui hanno peccato contro di me e si sono ribellati a me. Questa città sarà per me un motivo di gioia, di lode e di gloria fra tutte le nazioni della terra che udranno tutto il bene che io sto per fare loro; esse temeranno e tremeranno a causa di tutto il bene e di tutta la pace che io procurerò a Gerusalemme*" (Gr. 33:8,9); "*...e quello che chiederete nel mio nome, lo farò; affinché il Padre sia glorificato nel Figlio*" (Gv. 14:13).

[351] "*Avverrà che, prima che m'invochino, io risponderò; parleranno ancora, che già li avrò esauditi*" (Is. 65:24); "*Infatti tutte le promesse di Dio hanno il loro «sì» in lui; perciò pure per mezzo di lui noi pronunciamo l'Amen alla gloria di Dio*" (2 Co. 1:20); "*...se lo rinnegheremo anch'egli ci rinnegherà; se siamo infedeli, egli rimane fedele, perché non può rinnegare sé stesso*" (2 Ti. 2:13).

Indice generale

www.ingramcontent.com/pod-product-compliance
Ingram Content Group UK Ltd.
Pitfield, Milton Keynes, MK11 3LW, UK
UKHW020128250726
13967UKWH00002B/540

9 781447 717300